時兆文化

看見錢以外的CEO

給管家的勉言 COUNSELS ON STEWARDSHIP

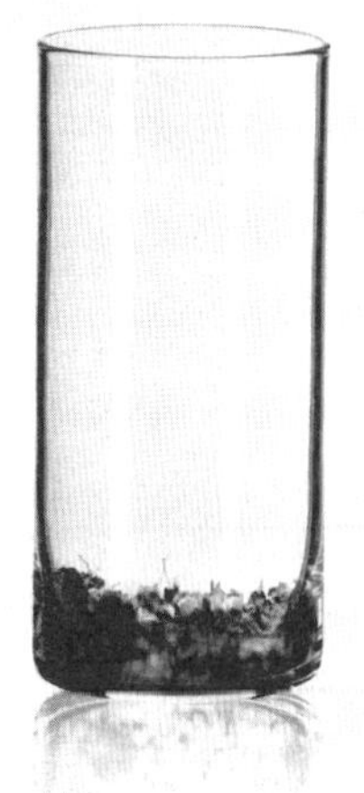

懷愛倫 著

你們知道我們主耶穌基督的恩典：
祂本來富足，卻為你們成了貧窮，
叫你們因祂的貧窮，可以成為富足。
（哥林多後書8：9）

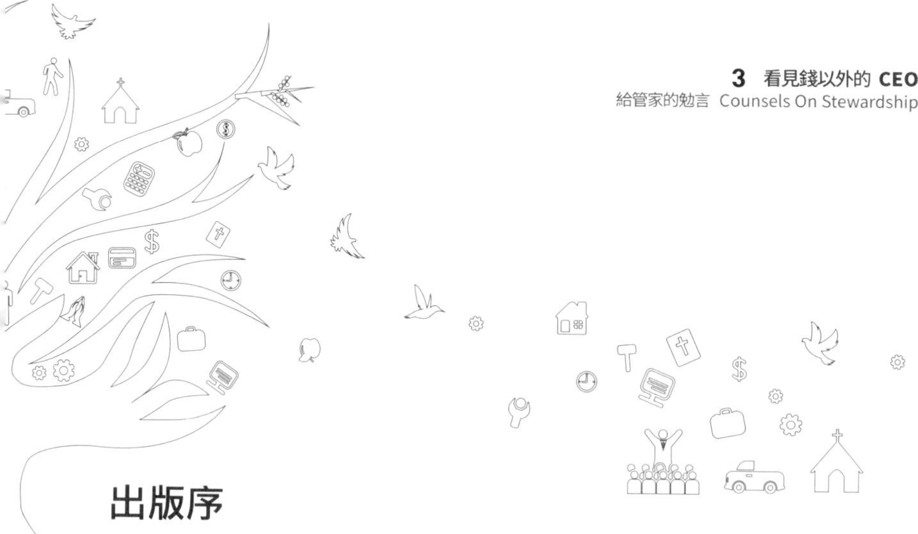

出版序

我們每個基督徒，都是上帝的首席執行長（CEO），要向上帝負責。在我們的人生中，管家職責佔有一席廣大和重要的地位。管家的職責不單只涉及我們的生命、錢財、子女等方面，同時也涉及我們的才幹、影響力、時間、機會等方面。我們若能順從祂的旨意，完成祂對我們的要求，這樣，便會有越來越多的屬靈福分賜給我們。上帝並沒有堅持一定要我們如此行，或勉強我們去事奉祂；也沒有強迫我們歸還祂所賜的東西來承認祂，祂只盼望我們能與祂合作，做祂忠心的僕人。

我們相信，若細心研究本書所提供的管家原則，必能幫助讀者，對上帝的事物有更完滿和更豐富的經驗，正如作者所說：「上帝的所有兒女，應明瞭管家職責的實際意義……經常行善，把屬靈的生命賜給那些徒具虛名，以及為目前處在黑暗而悲哀的人，使他們從自私、貪心的瑪門（金錢）敬拜者，變為在救靈工作上誠懇忠信的基督同工。」

時兆編譯部 謹識

朱紀中／Smart智富月刊總經理兼總編輯、
商業周刊副總編輯

把財物放在祭壇上

閱讀懷師母的著作，讓我驚訝這本在百年前針對復臨信徒所寫的理財書，不僅反覆論證的諸多理財原則（例如殷勤不可懶惰、量入為出、計劃消費等）到今天仍然適用。甚至對身處金融海嘯後、全球資金四處亂竄的基督徒來說，這本書還有許多一針見血的提醒，值得大家仔細思考，特別是那些蒙神厚賜財物、過著豐盛生活的基督徒。

舉例，《聖經》指示：「要變賣所有的，賙濟人。」（路加福音12：33）懷師母在書中特別專章提醒當時的信徒：「在艱難的時期中，房屋與田地對聖徒而言，是毫無用處的，因他們必要在狂怒的暴民之前奔逃⋯。」正因為房產的價值會隨時空變遷而崩落，於是她鼓勵擁有土地和房屋的人，一旦蒙神呼召，就應變賣房產並將金錢用來「供應佈道地區的急切需要」。

在這位有著豐富靈恩經驗的師母眼中，只要上帝有需要，祂的子民就應依從神的勸勉賣田賣地，如此「就不會有大量的財物在最後的末日大火中被焚毀。」

看到懷師母按著聖靈啟示寫下的這些文字，我更能體會，為什麼許多屬靈前輩會為著神國的需要捐地、捐房，甚至捐出全部的財產，為什麼那麼多的宣教士可以為著福音的緣故，奉獻自己的青春、體力、乃至於犧牲性命。

難得的是，師母不僅用神的話來佐證這些神國理財原則，還加上她親身的見聞，以及聖靈獨特的印證，把信徒在面臨投機與投資、貪財與奉獻、勤勞與懶惰、節約與揮霍等眾多金錢矛盾時會遇到的心理掙扎，詳細剖析，讓讀者可以按著自己的景況一一檢視，看看聖靈是否也有相同的提醒。

書中闡示的理財原則看似傳統卻發人深省，若能細細品味，你會發現，這些理財原則早從摩西的時代就被提出，經過懷師母歸納整理、再加上她自己的運用心得後，拿到今日使用，一樣可以無往不利。所以，千萬別誤會這是本老派的理財書，其實它的觀念是歷久而彌新的！

胡子輝／美國安德烈大學領袖與行政哲學博士

慷慨與慈善

《看見錢以外的 CEO：給管家的勉言》是本值得推薦的好書，它指出錢的重要但非唯一。錢是資源的表號，看見錢以外的 CEO 亦看見資源中才幹的重要、健康是必須的、時間和機會要把握。

CEO 是執行長或稱行政總裁，她／他是機構願景的主腦、是組織使命的達成者，更是整個機構組織的火車頭。然而從本著作得知，CEO 若能夠明白自己作為管家的身分，一切資源是創造主交托管理，身上的重任和壓力可容易得多了！

作者在第二章介紹一位偉大的慷慨施予者，和宇宙萬物不斷地接受，不斷地施予的生命原則。成功的 CEO 明白資源分配和再分配的重要。成功的執行長，一位忠實的好管家，清楚了解作者在 42－48 章所提醒〈貪心的危險〉、〈量入為出〉和〈機構欠債〉的挑戰。

我特別喜歡本著作所強調的一個價值觀，就是「慷慨與慈善」。每一個人，不論是一位普通職員或 CEO，若能體驗慷慨與慈善，對人的身心都有好處。正如作者所說的：「人的心境如何，對於身體

的健康是大有關係的。人心若是自由快樂，自覺正直無愧，及因能造福他人而感到心滿意足，就必產生一種春意盎然的歡樂，全身受其反應，血脈更流通，四肢百體生機蓬勃。」（見本書 67 章）

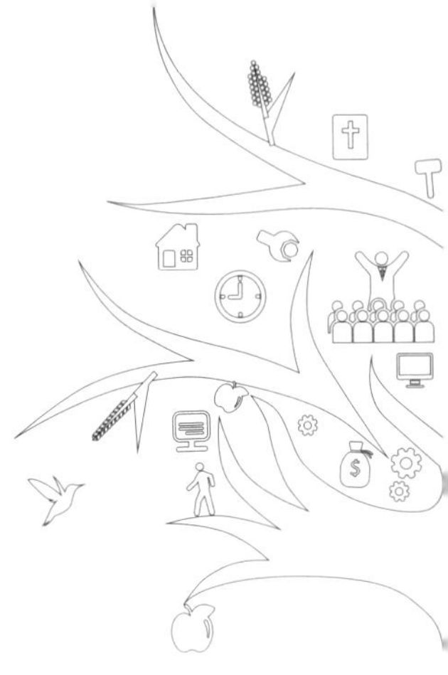

鄭宏志/冠冕真道理財協會秘書長

管家人生

個人直接投入「管家職分」事工，不覺已經十年；這段期間能與幾個國際性事工團體密切接觸、互動、配搭，得以引進相關教材、課程到台灣，並且接受此一領域的啟發、裝備和成全。赫然發覺「管家」的概念自始乃是上帝賦予人類的使命和責任，而且至今仍然是上帝對人類的託付和人類與時俱增的挑戰。

雖然現今已進入恩典的新約時代，教會建立在地上二千餘年，眾教會承接福音使命努力廣傳福音，培育門徒。但是成全聖徒各盡其職，成為忠心、良善、有見識管家的文化使命，更是不容忽視、不可或缺的一環。裝備聖徒為好管家，可以加乘門徒訓練果效，落實於生活見證；門徒未經成全為合神心意的管家，將會導致福音見證大打折扣。做好管家可幫助基督徒成為多結果子的門徒，不做好管家，基督徒將無法結出好果子來榮耀上帝。

當今世界政治局勢詭譎多變，財經秩序紊亂不定，世人（包括基督徒）無所依循，進退失據。然而，上帝命定做管家的法則依然安定在天，未曾更改。這對我們來說，是何等可靠，何等寶貴，值得世

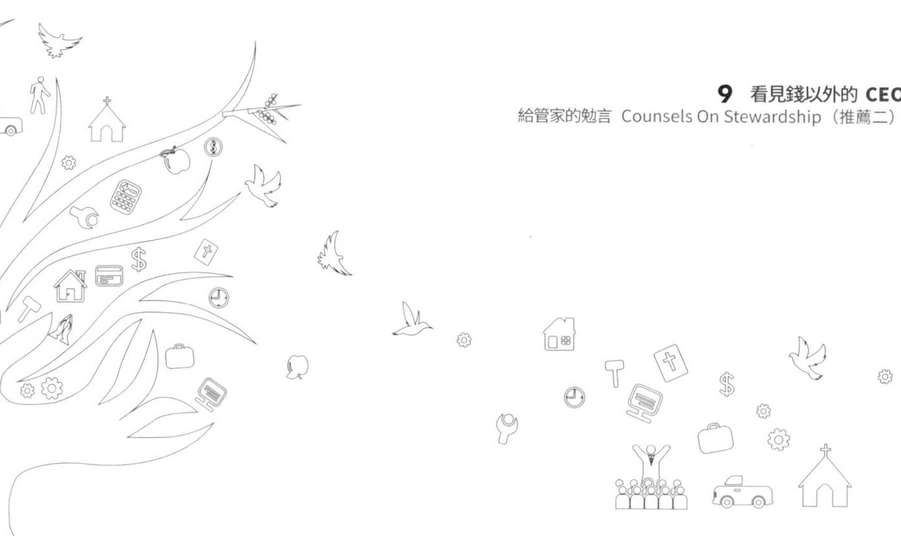

人好好珍惜，好好遵循，好好實踐，享受與上帝同行同工，在地如在天的管家人生。

樂見時兆出版社出版《看見錢以外的 CEO：給管家的勉言》一書，可算是教會界罕見的善書，很值得主內肢體用心研讀，若能秉持「學習－應用－教導」的循序步驟，必能帶出感染力，可蔚成風氣，使「管家職分」成為一種上帝喜悅的「生活方式」。

各人要照所得的恩賜彼此服事，
作上帝百般恩賜的好管家，
祂必將各樣的恩惠，多多的加給我們。

第一篇

上帝的慈善定律及其目的

01 與上帝同工

「你要以財物，和一切初熟的土產，尊榮耶和華；這樣，你的倉房必充滿有餘，你的酒醡有新酒盈溢。」（箴言 3：9 — 10）

「有施散的，卻更增添；有吝惜過度的，反致窮乏。好施捨的，必得豐裕；滋潤人的，必得滋潤。」（箴言 11：24 — 25）

「高明人卻謀高明事，在高明事上，也必永存。」（以賽亞書 32：8）

全智的上帝在救贖計畫上，已命定了行動與反應的規律，使各方面的慈善工作，帶來雙倍的福氣。凡濟助他人的，不但使受助者得益，而且他自己所得的福氣還要更大。

福音的光榮

為免人失掉行善所得的福分，我們的救贖主定下了計畫，將人列為祂的同工。其實，上帝無需人的幫助，也能達到拯救罪人的目的；不過祂知道，人在這偉大的工作上，若沒有與祂有分，就不會感到快樂；因此，祂安排了一連串呼召人行善的情況，並賜予人培養善行的最佳方法，和使他們養成濟助窮人和推進聖工的習慣。這世界因遭受破壞而呈現的極度貧困，正向我們支取財力和影響力，因此當將真理傳揚給那些極度需要的男男女女。我們若留意這些呼召，而去作工和

努力行善，便會與那位因我們的緣故，變成貧乏的救主相似。我們在施予的時候，除了福惠他人，還能積聚真正的財寶。

福音的光榮，就是建立在藉著不斷的行善，並在墮落人類身上恢復神聖形像的原則之上。這善行最先從天庭開始：上帝給人類一項不可能被誤解的證據，以證實祂對他們的愛，「上帝愛世人，甚至將祂的獨生子賜給他們，叫一切信祂的，不至滅亡，反得永生。」（**約翰福音 3：16**）這項禮物顯明了上帝的愛，證實祂為了救贖我們，不惜任何的犧牲，以完成這項工作。

慷慨好施的精神，便是天國的精神。基督捨己犧牲的愛，彰顯在十字架上。祂為了要拯救世人，把一切所有，連祂自己都獻上了。基督的十字架，正向每一個跟從救主之人，發出行善的懇求；這裡所顯示的原則，就是施捨、施捨。這種善舉和義行，是基督徒生活中的真正果實。世俗人的原則，就是我要、我要，以為如此便可得到快樂，但最後的結果，卻是痛苦和死亡。

從基督十字架上照耀出來的福氣光輝，責自私，鼓勵樂善好施。然而，勿因奉獻的需求增多，而感悲哀。上帝已作好充足的準備，現正呼召祂的百姓，離開他們狹窄的行動範圍，而參與更偉大的事工。

在這道德的淪亡充斥著全球的時候，很多上帝的子民，正陷於世俗和貪心的網羅中之危險，實在需要我們付出無限的努力。大家都應明白，需求量的增多，其實就是上帝的恩慈，故必須面對行善的呼籲，並要實際行動，否則便無法仿效那偉大的楷模基督。

作管家的福氣

當基督吩咐門徒「往普天下去，傳福音給萬民聽」時，就是分派人從事推廣祂恩典知識的工作。正當一些人出去傳道之時，祂則呼召另一些人奉獻財物，支持祂在地上的聖工。祂將財富放在人的手上，使祂的神聖恩賜，可以流過人的導管用於指定我們去拯救同胞的工作上。這時上帝抬舉人的一種方法，也是人所需要的工作；因它能在我們的心中喚起極深的同情，並要使我們操練最高的智能。

上帝為要表達祂對人的愛，便從祂那豐盛的手裡，賜下好的東西於地上。窮人是祂的，聖工是祂的，金子和銀子也是祂的；只要祂喜歡，就可使金銀像雨般從天上落下來。不過祂卻要使人作祂的管家，把財富交託他，並非貯藏起來，而是用於福惠他人，這樣，就可使人成為施恩的通渠，把恩惠分贈予這世界。上帝設立慈善的計畫，就是使人在品格上滿有慈悲和忘我的精神，藉此與造他的主更相似，最後得與基督同享永恆和榮耀的賞賜。

十字架下的聚集

在髑髏地所表現的愛，應該復興、加強，並傳遞在我們教會之中。難道我們無法盡我們所能，來加強基督所供與此世的原則嗎？難道我們不知努力建設今日刻不容緩的慈善事業，並促進其效率嗎？

你既站在十字架前，親見天上的大君為你而死，你怎能緊閉心門說：「不，我沒有什麼可捨的」呢？

相信基督的人要使祂的愛永垂不朽。這愛吸引他們團聚在十字架下，除去他們一切的自私，使他們與上帝結合，並且彼此聯合。

要存著克己犧牲的精神團聚在十字架前。你們若克盡自己的力量，上帝就必賜福與你們，你們若來到施恩寶座前，感覺自己是靠著從天上垂下救人脫離罪坑的金鏈，得與這寶座聯在一起，你們就必向那些活在世上心中沒有上帝，沒有指望的弟兄姐妹發出愛心來。

02 我們的慷慨施予者

我們身體心臟的跳動、肺部的伸縮和血液的川流不息於千百根血管中，都在表現上帝的大能。我們生存的每一刻，及生活上的各種享受都有賴於祂。人的智慧和才幹，能超越其他動物，亦是創造主所賜予的。

祂把恩惠大量給我們。我們所吃的食物、所飲的水、所穿的衣著和所呼吸的空氣全是祂所賜的，我們都欠祂的債。若沒有祂的特別眷佑，空氣就會充滿毒害。祂是一位慷慨的施予者和維護者。

照射在地面上令大自然光輝燦爛的陽光、奇異的美麗景色、皎潔的月亮、莫測的穹蒼、夜間閃爍的繁星、滋潤大地和使植物生長的雨水、自然界中一切珍貴豐盛的事物、高聳的大樹、叢生的灌木和野生的花草、波浪般的穀物、蔚藍的天空、綠草如茵的大地、日夜的更換及四季的循環，這一切都向人述說創造主的慈愛。

祂藉著這一切天地間的表徵來與我們聯結在一起，並且看顧我們比作父母照料患病的孩子更甚。「父親怎樣憐恤他的兒女，耶和華也怎樣憐恤敬畏祂的人。」

不斷接受，不斷施予

我們既是不斷領受上帝的恩惠，就當不斷施予。倘若天上的施予者停止了一切的供應，這樣，我們就會用「無物可施」為藉口，不過上帝從沒有撇下我們，祂的愛確實在我們當中，為我們成全。

我們時刻都蒙上帝的照顧而獲得供養，因祂的大能而獲得維護。祂把食物陳列於我們的飯桌上，每晚給我們安舒的睡眠；我們每週在安息日可放下勞碌的工作，來到上帝的聖殿中敬拜祂，領受祂的道，作為我們腳前的燈和路上的光，又能從《聖經》中找到智慧的勸勉。每當我們憑信來到祂的面前，懊悔並承認所犯的罪時，即可獲得祂所賜的恩典。最重要的，就是上帝賜下祂的愛子，我們可從祂那裏，得著湧流出來關乎今生及來生各種豐盛的恩惠。

我們每行一步，都會感到上帝的良善和恩慈，除非我們要上帝停止一切的施予，否則，就不應不耐煩地叫喊說：「這奉獻是否永無終止呢？」我們不但要繳納那原屬上帝的十分之一，更應奉獻其他的貢物於上帝的府庫中，以表示我們的感謝。讓我們懷著快樂的心情，將豐盛的初熟果實，獻給創造主——就是我們最精選的財產和至善至聖的服務。

表示感謝的唯一途徑

我們無法藉由奉獻而使上帝致富，因祂並不需要我們的捐獻。詩人說：「因為萬物都從你而來，我們把從你而得的獻給你。」上帝允許我們，藉著克己犧牲，我們可以努力將祂的恩典轉送別人，以表示我們對祂的感謝。這就是我們向上帝表達愛意和感謝的唯一可行之法，因為這是祂賜給我們的。

保羅反對自私的論據

保羅要從弟兄的心中根絕自私，因為在他們的品格中，若存有自私和貪念，就不能在基督裏完全。心中若滿有基督的愛，就會在弟兄們有需要時給予幫助。保羅藉著指明基督已為他們所作的犧牲，企圖喚醒他們的愛心。

「我說這話，不是吩咐你們，」他說，「乃是藉著別人的熱心，試驗你們愛心的實在。你們知道我們主耶穌基督的恩;典祂本來富足，卻為你們成了貧窮，叫你們因祂的貧窮，可以成為富足。」(哥林多後書8：8－9)這是使徒保羅的有力論據，不是他的吩咐，乃是出自主耶穌基督。

上帝為人所預備的禮物是多麼偉大啊！這正是祂的本性。祂為了要拯救悖逆的人類，使他們明白祂旨意和分辨祂的愛，祂的慷慨是空前絕後的。你願否憑藉奉獻和捐款，以表示你對這位賜下獨生子的上帝，毫無保留？

慷慨的精神，就是天國的精神；自私的精神，乃出自撒但。

CEO
Counsels on Stewardship

03 上帝為何要人為祂行善

上帝並不需要依賴人，才能推展祂的聖工。祂大可用天使，作祂真理的特使；或像昔日在西奈山上頒布律法時一樣，親自出聲來宣揚祂的旨意，但祂為了要在我們心中培養行善的精神，而決定使用人從事這種工作。

每一項有利於人的克己犧牲，都能助長施予者的行善精神，使之與世界的救主，有更密切的聯合，因祂「本來富足，卻為你們成為富足。」（哥林多後書 8：9）唯有實現上帝造我們的神聖旨意，生命才是一項福氣。上帝給人的一切佳美恩賜，若不是用於扶助他人及推廣祂在地上的聖工，便會是一項咒詛。

追尋財利的結果

人愈來愈想要發財，而追尋錢財所造成的自私自利，就導致教會的靈性趨於滅亡，令上帝不再喜悅。當我們的頭和手不斷地設法收聚更多的財富時，就會忘掉上帝和世人的要求。

上帝若賜我們大筆的財富，我們就不應把時間和注意力，集中於這些暫借給我們的東西，而遠離上帝。施主總大於他所施予之物。我們是重價買來的，並非是自己的。我們是否忘記上帝為救贖我們

所付出無限的代價呢？我們感恩的心是否死掉了？難道過著自私放縱的生活，站在基督的十字架前，不覺得羞恥嗎？我們正在享用這無限犧牲的果實。應當要採取行動，奉獻金錢來支持拯救世人的工作時，我們卻退縮逃避並祈求不要參與。閒懶怠惰、漠不關心和自私自利，制止了我們對上帝要求的反應。

啊！難道我們就讓這位有天上君王之尊、榮耀之王的基督耶穌，背負沉重的十字架和喝那苦杯嗎？而我們卻舒適享受，貪圖虛榮，忘記祂用自己的寶血所要求贖回來的生靈嗎？不！讓我們有能力時，就奉獻；有力量時，就作工。應珍惜白日的時光，把我們的時間金錢，用來為上帝服務，這樣就可蒙祂喜悅，獲祂賞賜。

與自我的最大鬥爭

我們在今生的財富是有限的，但上帝所恩賜於世界的珍寶，卻是無限的，遠超出世人的計算範圍，包括了人類的每一願望。在那最後決定性的大日，當每個人都要按著他的行為受審判時，一切的自我辯白都要止息，屆時，我們會看到天父賜給人類的「禮物」，乃是將祂一切所有都賜下了，要與我們共享，因此，我們沒有藉口拒絕這豐盛的恩典。

我們身外沒有足以畏懼的仇敵。我們鬥爭的對象乃是頑梗的自我。當我們靠著那愛我們的上帝征服自我，就能遠勝於一般征服者。弟兄們啊！有永遠生命等待我們去贏取，讓我們打那信心美好的仗，不是在將來，現在就是試驗的時期了。趁著還有一點點的時間，「先求祂的國，和祂的義；這些東西」——「都要加給你們了。」

品格上的污點

請勿忘記我們被置於這世上，是為了要接受考驗，以便決定是否適合來世的生活。在我們的品格上，若有自私汙點，就不能進入天國，因此，上帝就交託我們暫時的財物，要看看我們怎樣使用它，以表明我們是否配受託永恆的財富。

受委託的財富

一個人的財富不論多寡，都應記著，這只是託付給他的。無論在體力、技能、時間、才幹、機會和金錢上，他必須向上帝交賬；這是每個人所要作的個別工作。上帝厚賜我們，是要我們轉贈別人，好像祂那樣慷慨、高貴和滿懷慈善。那些把他們的神聖使命忘掉，只顧積聚錢財，在傲慢或自私上放縱的人，他們雖可獲得今世的利益和享樂，但這種情形在上帝的眼中，卻是貧窮、可憐、卑賤、瞎眼和赤身露體的。

財富若用之合宜，便會成為人與人之間的一條友愛和感恩的金鍊子，並使人與救主聯結在一起。上帝愛子的無窮恩賜，呼召那些接受的人，實實在在地表達出他們的感恩。凡從基督之愛獲得亮光的人，就應有最大的責任，將這恩光照射在黑暗之的生靈上。

喚起像基督的品格

上帝容許苦難與不幸，臨到一些人，以呼召我們脫離自私，在我們心內喚起基督的品格——憐憫、溫柔和仁愛。

神聖的愛發出了最感人的懇求，呼籲我們彰顯基督所顯現的溫柔和同情。祂常經歷憂患，也曾傷心難過。我們若受苦，祂也一同受苦。祂因愛人，竟用自己的寶血來救贖他們，並對他們說：「我賜給你們一條新命令，乃是叫你們彼此相愛；我怎樣愛你們，你們也要怎樣相愛。」

最高的榮譽，最大的喜樂

上帝是生命的根源，是全宇宙的亮光和喜樂；像太陽的光線一樣，祂的福惠湧流給祂所造的一切生物。在祂無限的愛之下，人可享有祂神聖品質的特權，以至能將這些福氣轉贈給他們的同胞。這就是上帝賜給人最高榮譽和最大的喜樂。那些與創造主最接近的人，會參與慈愛的勞力；那些拒絕與上帝同工的人——因放縱私慾，而忽略同胞的需要，成為守財奴，只顧積聚金錢——就是拒絕上帝所給予的最大福惠。

04 與撒但原則相反的基督原則

全人類都屬一個大家庭——上帝的家。創造主原定要他們互相尊重和彼此相愛，並永遠以純然無私的心，來關懷對方的福利。撒但卻引誘人專顧自己，人一旦在他的控制之下，就會變成自私自利，使世界充滿不幸和爭鬥，造成人與人之間的不和。

自私就是邪惡的本質，因為人的自私，使今日的世界，出現了不忠於上帝的事。國家、家庭與個人，都是以自我為主，並盼望能統治別人。由於自負和自大，使人與上帝並他的同胞隔離，以及在毫無節制中自我放縱。看他的表現，似乎先要別人順從他的無上權威，然後才會有益於他人。

自私把爭執和不聖潔的動機帶進教會中。……自私破壞了基督的形像，使人只愛自己，繼而轉離公義。基督說：「所以你們要完全，像你們的天父完全一樣。」（**馬太福音 5：48**）但是利己主義，卻使人對上帝要人完全的要求，變成盲目。

基督來到世上，彰顯上帝的愛。跟從祂的人，要繼續祂所開始的工作。讓我們努力於互相照顧，彼此鼓勵，關懷別人的利益。這樣，就可獲得真正的快樂。其實人若愛上帝和同胞，不見得對自己有何損失。人愈不自私，便愈快樂，因為他已經達到上帝所要求的目的。上

帝的氣息會吹進他裏面，使他充滿喜樂。對這種人而言，生命乃是一項神聖的委託，蒙上帝賜予來服務他人。

一項強弱懸殊的競賽

自私乃是人類最強且最普遍的情感之一，憐憫與自私在心靈中的爭鬥，是屬一項強弱懸殊的競賽；每當自私站了上峯時，愛心與善行就會變得十分脆弱，結果罪惡的一面獲勝。所以在我們為上帝作工和捐獻的事上，依賴感情之衝動，是十分不安全的。

當我們的同情心被激動時，就去奉獻或幫助別人；倘若感情沒被激動，就會停止奉獻我們的禮物或為服務，這是不智之舉，且是危險的。我們若受感情衝動或同情心的支配，那麼，當我們的服務偶爾幾次不為人所感謝，或我們的捐款被濫用或被誤用時，那行善的泉源就被凍結了。基督徒的行動應按著固有的原則，來跟從救主捨己犧牲的榜樣。

基督教訓的主旨

自我犧牲就是基督教訓的主旨，通常這是以權威的口吻向信徒而發的命令；因為除了斷絕人類生活上的自私之外，再沒有其他拯救他們的辦法。基督在世時所作的奉獻，足可代表福音的能力。對於每個為對抗罪惡、努力協助聖工、為別人的利益作自我犧牲而受苦的人，祂應許他們可得那永恆公義的賞賜。藉著運用基督所特有的精神，我們就得與祂的性情有分。我們為他人而犧牲，就要在來生與祂共享那「極重無比永遠的榮耀」。

自私的果實

凡容許貪婪的精神在心中蔓延的人，因為他們培植了這品格上的特徵，就被列為偶像敬拜者，他們的名字被寫在天上的記錄冊上，與偷盜的、誹謗的、勒索的並列。上帝的聖言宣布他們不能承受祂的國。「因為惡人以心願自誇，貪財的背棄耶和華，並且輕慢祂。」（詩篇 10：3）貪心的品格是永遠與基督化的善行相反。自私的果實，時常顯露於疏忽職責上，不能使用上帝的恩賜來推廣祂的聖工。

敬虔的幻滅

基督是我們的楷模，祂為了我們而把生命奉獻，照樣，祂亦要求我們為別人而獻上自己的生命，以便能將撒但致力栽種於我們心中的自私拔掉。這自私能幻滅一切敬虔，唯有向上帝和同胞顯露愛心，才能勝過它。基督不會容許一個自私的人進入天上的庭院，貪心的人絕不能穿過珍珠門，因為一切的貪心都屬於拜偶像。

CEO
Counsels on Stewardship

05 忠於基督的慈善

當我們心中有上帝完全的愛，就能完成許多奇妙的事。基督要在信徒的心中，成為泉源，直到永生。假若我們對受苦之人漠不關心，就等於對耶穌基督和祂的聖徒的苦難漠不關心。沒有東西能比自私自利，更能削弱一個人的靈性。

凡專顧自己而忽略照顧那些基督為之捨命的人，就等於不要吃生之糧，也不飲用救恩的泉。他們像一棵不結果的樹，會逐漸衰殘和枯萎。他們在靈性方面只是侏儒，專為自己花錢，但是「人種的是什麼，收的也是什麼。」（**加拉太書 6：8**）

基督的原則應時常被顯露出來。其實，我們可用無數的方法，彰顯出內在的原則。有基督在心靈中，就如同一口永不枯乾的泉源，長流不息。

基督若在心中被尊崇

上帝把財富託付給人，是要他使用這些地上的財物，在世上推展祂的國度，藉使救主基督的教誨更添光彩。他既是代表基督，更不應因自己的富有而尋歡作樂、專顧自己和追求個人的榮耀。

若把罪從心中除掉，昔日被自我放縱及貪戀世界所佔據的地方，

現今就會被基督的寶座所取代，於是基督的形像便顯露出來，而成聖的工作亦不斷在心中進行，並將一切自我為義的心，換成了新心，也就是按照基督的聖潔和公義創造的。

勝過貪財與妄圖

富有的人應把他們的一切獻給上帝。凡身、心、靈因真理而成聖的人，也當把財物獻給祂，以便成為其他人可接近的媒介。在這樣的經驗和榜樣中，就會彰顯出基督恩典的力量足能勝過貪財與妄圖；而那些把上帝所託付他的財物歸還祂的富人，就會被算為忠心的管家，並能夠向人顯示，他所有財產中，每一塊銀元之上，都蓋有上帝的形像及名號。

06 宣講實際的講章

為聖徒需要和推進上帝國度而奉獻的人，就是宣講實際的講章，證明施予者並沒有徒受上帝的恩典。依從基督樣式所過的無私活榜樣，對人有很大的推動力。那些人不為自我而活，不使用每一塊銀元來滿足他們想像中的需要，以及不尋求自我的方便，卻記著自己是基督的門徒，了解還有其他的人需要糧食和衣服。

為貪圖滿足食慾和自私慾望而生活的人，會失去上帝的恩寵及天國的賞賜。他們向世人證明自己並沒有真正的信心，雖然他們傳授現代真理的知識給人，但人們只是把他們的話當作鳴的鑼和響的鈸而已。讓每一個人都用行為來表現他們的信心。「信心若沒有行為就是死的。」（**雅各書 2：17**）「所以你們務要在眾教會面前，顯明你們愛心的憑據，並我所誇獎你們的憑據。」

最困難的講章

最難以宣講和最艱難實行的講章，就是克己犧牲。貪得的罪人和其自私心，把行善機會的門關閉著；這些善行不能完成，就是因錢財被投資於自私的用途上。但一個人絕不能同時得著上帝的喜悅和得享與救主的交往，而又對那些在罪中沉淪和沒有基督生命的同胞漠不關心。基督已留給我們一個奇妙的克己犧牲之榜樣。

當我們跟從祂自我犧牲的腳蹤，背負祂的十架至祂父家時，在我們的生活上就會顯出基督生活的美麗之處。在克己犧牲的祭壇之前——上帝與祂子民相聚的指定地方——從上帝手中接獲屬天的火炬，照亮心懷，顯示出人們需要基督同在。

擴大心懷，與基督聯合

窮苦人為推展救贖真理之寶貴亮光，所奉獻的金錢，不但要在上帝面前成為芬芳的香氣，且全然蒙祂接受，而作為奉獻的禮物、捐獻的行為，能擴大施予者的心懷，使他與世界的救贖主有更密切的聯合。祂本來富足，卻為我們成了貧窮，叫我們因祂的貧窮，得以富足，在窮困境況中所樂意奉獻的極小數量，會全然蒙上帝接納，並且在祂眼中看來，比較那些富有之人，在毫無克己犧牲、不感缺欠的情況下所捐獻的千萬元，更為寶貴。

愉快活躍地奉獻

基督徒的慷慨精神，愈被運用則愈更有力，毋須加以多餘的刺激。一切具有這種基督精神的人，將會愉快活躍地把他們的禮物投入上主的府庫。他們既受了基督的愛及有基督之愛的人所感動，就會更熱切地盡他們忠誠的本分。

各人要照所得的恩賜彼此服事，
作上帝百般恩賜的好管家，
祂必將各樣的恩惠，多多的加給我們。

第二篇

上帝的聖工與支援

07 要持續上帝的聖工

恩典時期的最後年限快要過去，上帝的大日即將臨近，我們所有的每一精力，都應用來喚醒那些活在罪孽和過犯中的人。

現今就是我們注意上帝聖言教訓的時候，祂的一切訓諭都是為了我們的好處。祂呼召那班正站在以馬內利大君所血染旌旗下的人，要藉著歸還一部分祂所託付的，以證明他們是依賴上帝，並要向祂負責。這些錢財是用作推展那當做之工，以完成基督給門徒的使命。

上帝的百姓蒙呼召，參與一項需要金錢和獻身的事工。那擺在我們身上的責任，促使我們要用盡一切的才幹來為上帝服務。祂要求我們的心、靈、思想和體力，全然奉獻，來作為專一的服務。

在宇宙中，只有兩處地方可以存放我們的財寶——上帝的倉庫或撒但的倉庫；凡不是用於上帝聖工上的，便算屬乎撒但，並且是用來推展他所倡導的運動。上帝將財物交託我們，為要建立祂的國度。祂以財物委託祂的管家，其目的是要我們小心經營，使救靈的工作有所收益。這些獲救的生靈接著也成為受託的管家，與基督合作，推展上帝的聖工。

為分贈而接受

無論何處，教會若有生命，就必有加添和成長，也必有不斷的交通，收受和歸還給上帝。上帝賜亮光和福氣給每個真實的信徒，而信徒也要在為上帝所做的工上，把所得的分贈給別人；這樣，就有更多的空間，來容納更多的真理和恩典。結果他有更清晰的亮光、更豐富的知識。教會的生命與成長，全賴於這樣的授受。那些只顧收入而從不施予的，他的收入很快就會停止；倘若真理不能從他那裏轉流給別人，這人便失去接受的能力。我們必須把天國的貨財分贈他人，才能獲得新鮮的福分。

上帝並沒有計畫要基督來到這世上，留下金銀來推廣祂的工作；祂將資源和智慧供應給人，藉他們的禮物和奉獻，使祂的工作不斷推進。使用上帝恩賜的最主要目的，就是用來維持收割田地上的工人們。如果人成為天庭恩惠的通渠，使祂的恩惠流與別人，上帝就會使這個渠道常有供應。歸還予上帝不會使人貧窮的，拒絕和抑制才會使人貧乏。

節約與奉獻的時刻

上帝呼召祂的百姓，喚醒他們注意自己的責任。從祂的話語中有亮光射出，叫人履行自己所忽略的職責。當這些疏忽藉著十分之一的奉獻和其他捐款而被填補後，就有門戶敞開，使世人能聽到上帝計畫要給人聽的信息。上帝的子民若有祂的愛存在心中，並都灌輸了克己犧牲的精神；那麼，國內和國外的佈道基金就不會缺乏，我們的資源亦隨之而擴充，且有無數有效的門要被敞開，邀請我們進入。如果我們完成上帝的旨意，恩典的信息將傳遍世界，這樣，基督就早已回來了，而聖徒也早已受到歡迎，進入上帝的城邑。

倘若有一個時刻需要人犧牲，現在就是那時候了。我的弟兄姐妹們，在你們的家中實行節約吧！除掉擺在上帝面前的眾偶像，放棄自私的享樂。我哀求你們，勿花錢於裝飾你們的房子，因你的錢財屬乎上帝，你必須向祂交賬。不要用上帝的金錢來滿足孩子們的喜愛，乃要教導他們明白，上帝對他們所擁有的都有要求，世人沒有任何事物能把這要求取消。

金錢是有用的財寶，勿把它濫施於那些不需要的人身上。世上有許多饑餓和快要餓死的人，需要你的樂意奉獻。你也許會說，我不能全數供養他們，但若能實行基督的節約教訓，必能供養一個！「把剩下的零碎，收拾起來，免得有蹧蹋的。」（約翰福音 6：12）這些話是那位用神蹟餵飽饑餓群眾的主所說的。你若有浪費的習慣，就當立即改正，否則，你會在永恆的事上破產。儉樸、勤勞和節制的習慣，對你的孩子而言，比承受許多的錢財更為寶貴。

我們在世上是客旅，是寄居的。勿讓我們利用金錢來滿足上帝要我們壓抑的自私慾望。讓我們限制個人的慾望，合宜地代表我們的信仰。讓我們的教友都合而為一，殷勤作工，如同那些在末世時行在充滿亮光之中的人一樣。

無限財富若儲存於銀行的戶口，抑或囤積於昂貴的房屋內，究竟有何價值呢？若將這些與上帝愛子所代死的無數生靈得救作一比較，這算得什麼呢？

特權與義務

那託付凡人最嚴肅的真理，已託付給我們去向世人傳揚。我們的工作就是將這些真理向世人宣揚。世人需要警告，上帝的子民應當對所託付他們的，盡忠職守，不要做投機生意，也不要與不信之人合夥經營，這樣會阻礙進行所託付他們的工作。

基督對祂的子民說：「你們是世上的光。」（**馬太福音** 5：14）這並不是一件普通的小事，因上帝已很清楚地向我們闡明祂的旨意、計畫和勸勉。能夠從準確的預言中，明白上帝的旨意，是一項奇妙的特權，也是一項重大的義務。上帝期望我們能將祂所賜的知識傳給別人。祂的旨意是要人神雙方合作，去傳揚那警告的信息。

支援國外佈道

我們應在自己區內的每一教堂中，喚起上帝兒女的同情心。用無私的行動，來應付不同佈道地區的需要，人應當捐獻他們的財物，以見證他們對上帝聖工的關心。倘若這樣的關懷被顯示出來，就會表現於基督徒的友愛團結上，並且在基督大家庭中每一分子之間逐漸被加強。忠心繳納十分之一，使上帝的家有糧，便能供養本地及國外的工作人員。現今在世界各地，雖有現代真理的書刊，把知識的寶庫傾注出來，但仍需在不同的據點設立佈道的前哨。傳道人必須傳講那救恩和生命的言語，而且各處都有敞開的園地，等待著我們進入。莊稼已熟，世界各地的工人都聽聞馬其頓的呼聲。

工作絕不能停止＊懷師母在 1886 年所作的呼籲，寫於歐洲。我們若真正擁有這末世的真理，就當將它傳給各國各族各方各民。不久活人和死人都要按著所行的受審判，上帝的律法就是他們受試驗的標準，因此他們現在就要受警告，上帝的神聖律法必要受維護，如同一面鏡子放在他們面前。要完成這項工作是需要錢財的，我知道這是艱難的時期，錢財並不多；但真理必須傳開，供傳揚福音用的錢必須放進府庫裏備用。

我們要放棄做工嗎？

我們的信息雖是普世性的，但有很多人簡直什麼都沒有做到，更多的人只做到一點點，因為他們缺少信心，所做的還是等於沒有做的。我們要放棄已在外國開墾的田地嗎？或是要停止一部分的本地工作呢？遇到負債就灰心喪膽嗎？在這地球歷史的最後階段裏，我們要膽怯和落伍嗎？我的心說：「不！不！」每當我思想這問題的時候，心中便不禁燃起熱誠的火，要令這工作繼續前進。我們是不會否認我們的信仰，也不會否認基督，但是，除非我們趁著上帝為我們開路之時，向前邁進，不然的話，我們便是作了這樣的否認。

這工作絕不能因欠缺錢財而停止，必須加以更大的投資。弟兄啊，我奉主的名囑咐你們要醒起！你們這些把錢財埋在地裏或收藏起來，建造房子和購買田地的人哪，上帝呼召你們「要變賣所有的，賙濟人。」時候要到，守誡命之人的買賣便要停止。趕快把你們所埋藏的財富發掘出來吧！倘若上帝把錢財託付你，就當盡忠職守，不要把它收藏起來，應交給兌換銀子的，以便基督回來之時，祂可獲得祂原有的錢，並加上利息。

在末後工作上樂意行善

在最後的期限中，當這工作行將結束之時，將有無數的錢財奉獻在祭壇上。男男女女因參與預備生靈在上帝的大日站立，而感到這是一項有福的權利時，便會捐獻數以千百計的錢財，如同現在所樂意奉獻的一樣。

基督的愛若在祂子民心中燃燒起來，在今日就會看到同樣的精神。如果他們得知救靈工作將要如何迅速地完結，便會像早期的教會一樣，慷慨地奉獻他們所有，並會誠懇地為推展上帝的聖工而效力，如同世俗人為賺取財物而勞力一樣。運用才智和技巧，藉著誠懇和不自私的努力去獲得金錢，並非貯藏起來，而是投入上帝的府庫中。

倘若有些人因投資於聖工上而窮乏，又如何？基督卻為你的緣故變成貧窮；但你卻為自己賺取了永恆的財富，就是天上永不衰敗的寶物。你的金錢存放在永不朽壞的錢囊中，賊不能近，火不能燒的地方，遠較存於銀行或投資在房地產上更為安全。順從救主的吩咐，用榜樣傳道比用口頭傳道更為有力。真理的最大能力，是顯示在那些相信的人用行為來見證他們的信仰之上。那些信奉這嚴肅真理的人，應有克己犧牲的精神，以譴責拜金主義者的野心。

08 全心全意與教會聯合

每位信徒應全心全意與教會聯手，以教會的發達為其最關心之事；除非他覺得有神聖的義務應與教會連絡，視教會的福利過於個人的福利，否則教會有他在內，實是遠不如無。為上帝的聖工作些事，這原是眾人力所能及的。有些人花費許多錢財於不必要的奢華上；他們滿足自己的口腹之慾，而對於捐款維持教會卻又覺得如負重荷。他們願意領受教會一切權利的益處，卻寧願讓人去付清教會款項。凡是真正深切關心聖工進展的人，無論何時何地，只要有需要，他們總不猶豫投資。

凡以寶貴真理之光為喜樂的人，應當有火熱的心願，希望真光普傳各處。現今有少數忠心拿軍旗的，毫不規避本分，或畏縮不負責任。他們的心門及錢包，對於每次促進聖工的捐款總是敞開。不錯！有些人也似乎是樂於超過自己本分的捐款，好像他們怕會失去良機，不能在天國的銀行中投資一般。

但還有些人，卻是儘量地少作，他們囤積財寶，或是濫用在自己的身上，只勉強地分出一小部分來維持上帝的聖工。他們向上帝立了約或許下願後，又感到懊悔，若是不能全部推掉，也要拖欠得愈久愈好。他們儘量少獻十分之一，好似這款歸了上帝就失去了。教會的各

機構或為經濟所迫，他們這等人卻視若無睹，對其興衰漠不關心。然而這些機構仍是上帝用其光照世界的工具。

浸禮約言

每一個受洗加入教會的人，都曾立下莊嚴的誓約，為教會的利益而努力，且要使之高於任何的屬世意願。他有責任與上帝保持活潑的聯繫，並全心全力地參與偉大的救贖計畫，在他的生活和品格上，要顯出上帝誡命的尊嚴，而與世間的習俗和學說成為對比。每一個承認基督的人，已許下誓言，作一個活躍和熱誠的屬靈工人，為他的主作極佳的服務。基督期望著每一個人都能盡自己的本分，這應該是所有跟從祂之人的口號。

所有的人要明智地運用上帝所賜的天賦，以表示對祂的忠誠；不單只在錢財方面，而是在任何能建立祂國度的稟賦之上。撒但用盡千方百計，阻礙真理傳給那些為謬論所誤導的人；但是，警告和懇求的聲音必須傳給他們。現在只有少數人參加此工作，本應有數以千計的人同樣感到有興趣才是。

工作擺在面前

這世界要受警告，我們已受託付進行這工作，就當不惜任何代價地去實踐真理，準備在必要時作自我犧牲的義勇兵，甘願為聖工捨命。有一項偉大的工作，要在十分有限的時間內做完。我們需要明白自己的工作，且要忠心地去作。每一位最後獲得勝利冠冕的人，要在事奉上帝的事上作高貴和堅決的服務，而賺取披戴基督義袍的權利。參與抗拒撒但的運動，高舉基督染血的十字架旌旗——這是每個基督徒的責任。

這是一項呼召獻身的工作，克己犧牲和十字架常在人生的道旁。「若有人要跟從我，」基督說：「就當捨己，背起他的十字架來跟從我。」(**馬可福音** 8：34) 那些要得世間之財的人，尚且要勞碌和犧牲，難道那些尋找永恆賞賜的人，就以為不必犧牲嗎？

不要等待呼籲

信徒不必等待更多的呼籲，乃當抓牢作工的機會，把那些看來不可能的事也變成可能。讓我們個人自問：「上帝有沒有把用作推展祂聖工的金錢委託給我？」

我們要對上帝誠實，我們所享受的一切福惠都是祂所賜，如果祂把才幹和金錢委託給我們，用以協助祂的聖工，我們要將它扣押嗎？或是說：「主啊！不成，我的孩子們是不會高興的。」於是就膽敢違背上帝，而把祂所賜的才幹埋藏於地嗎？

不要再耽延了，上帝的聖工需要你的支援。我們請求你，就是身為上帝管家的，使用祂的錢財，以供應各樣需要，使多人有機會知道何謂真理。

你可能會受試探，要你把錢投資於地產上，你的朋友們也許會勸你這樣做。但是，豈沒有更好的投資方法嗎？你豈不是用重價買來的嗎？受託於你的金錢豈不是要為祂發展的嗎？你不明白祂要你把錢用來建造聚會場所；設立醫院，使病者獲得肉體和精神上的治療；開辦學校，使青年人能受訓練去服務，以致能差派更多的工人到世界各地去嗎？

上帝親自創設推廣祂自己工作的方法，供給祂的百姓有足夠的金錢，以便在祂呼召時能樂意地回應。如果他們能忠心地把暫借得來的財物歸還祂的庫房，那麼，祂的工作就可迅速地進展，使更多的生命獲悉真理，因而催促基督早日復臨。

09 獻身的願望

這是你心中的話語嗎？「我的救主啊！我願完全屬乎你；你已為我的靈命付上了贖價，現在我的一切或今後的希望都是你的。請助我獲取錢財，不是供愚蠢的花費，不是在傲慢中放縱，乃是為榮耀您的名而用。」

在你一切要做的事上，應存這樣的思想：「這是否為上帝的旨意？能討救主的喜悅嗎？祂為我捨命，我能以什麼報答祂？我只能說：『主啊！我把從你那裏而得的樂意獻給您。』」除非上帝的名號已寫在你的額上——寫在這裏的理由乃因上帝是你思想的中心——否則你不能承受那亮光。你們的創造主已把全天庭傾注給你們，就是憑一份奇妙的禮物——祂的獨生愛子。

上帝按手在十分之一和其他捐款上，說：「這是我的。當我把貨財委託給你時，我指定一部分是為你自己用，要供應你的需要，而另一部分則應歸還給我。」

你們享用所存放倉裏的穀物時，有忠心地歸還十分之一嗎？有把捐款和禮物奉獻給祂，以致聖工不會遭受困阻嗎？有照顧那些孤兒寡婦嗎？這是國內佈道的一種方法，且是不應忽略的。

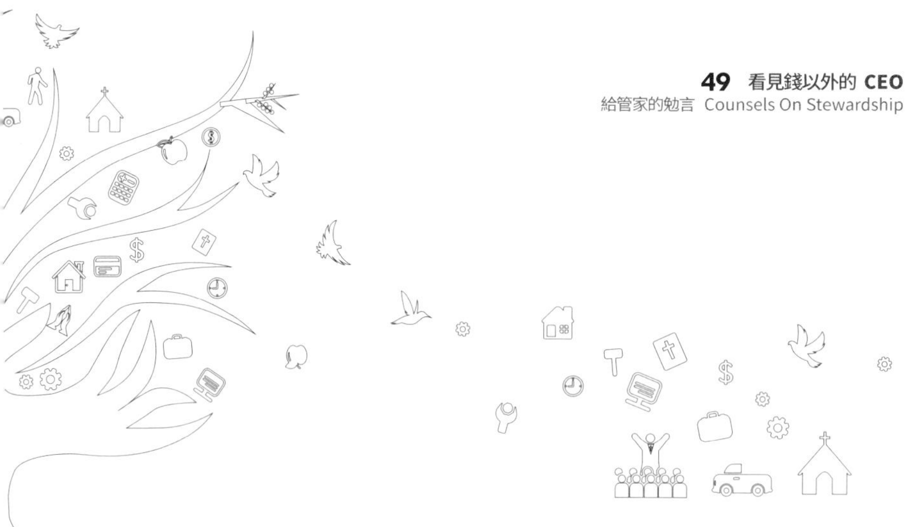

在你的四周，豈不是有許多貧窮和受苦的人，需要保暖的衣服，更好的食物，還有最重要的和最為人珍視的——愛和同情嗎？你為那些寡婦和受痛苦的人作了些什麼呢？當他們登門向你求助，要求你幫助教育和訓練他們的孩子或孫兒們時，你有處理他們的請求嗎？你曾試過幫助孤兒嗎？當焦急的和心靈負重擔的父母或祖父母請求你，或甚至哀求你考慮他們的處境，你有否無動於衷地拒絕他們呢？若是這樣，願上帝憐憫你，因為「你們用什麼量器量給人，也必用什麼量器量給你們。」（**馬太福音 7：2**）上帝給人的恩賜，若因自私地被誤用及濫用，以致祂不再賜福，我們會驚奇嗎？

上帝不斷地把今生的福氣賜給你，假使祂要你使用祂所賜的來幫助各項聖工，這乃是為了你自己的屬世和屬靈的利益，如此做就是等於承認上帝是每一福氣的賜予者。上帝就是那位精練的工作者，除與人合作賺取養生的錢財外，也要求人與祂合作來拯救生命。祂把錢財放在祂僕人的手中，用於祂在本地及國外的佈道工作上。但是，若只有一半的人盡他們的責任，庫房就得不到足夠的資金供應，上帝聖工的許多部分就不能完成。

響應基督為合一的祈禱

教會除非能專心關懷於她的傳道工人，否則永不能達到上帝所期望教會達到的地步。基督所期望的合一永不能實現，除非把屬靈精神放在佈道事工上，使教會成為支援傳道的媒介。單靠傳道士的努力，是不能完成他們所該完成的，除非當地的教友，能藉著行動而不是口講，來表示他們已認識那擺在他們身上的責任，因而全心全力地去支持這些傳道士。

上帝正呼召工人，個人的工作是需要的，但必須先有悔改，其次便是為別人的救恩而努力。

除掉心中的自私

十分可惜的，就是今日的教會似乎遲疑於感謝上帝賜給她豐富恩典和錢財，以致不能用來供應祂的庫房。

荒蕪的葡萄園正向上帝哀訴，說：「人已把我忽略，不理睬我了。」由於坐視同胞在窮困中受束縛，而讓撒但指責上帝容許祂的兒女受貧乏之苦，上帝竟因祂所託付的人那種漠不關心態度而受到侮辱。祂的管家們竟對他們能夠解救的苦難者加以拒絕，而羞辱了上帝。

勿讓任何人疏忽其責任。倘若你所經營的只是小錢，而不是龐大數目，就應當記著：上帝的福氣是用不眠不休的辛勞來支持的。祂並沒有輕視細微的東西；若能明智地運用微小的數目，就有奇妙的增長。一塊銀元若能聰明地使用，就有兩塊歸給上帝。利息是與受託的資本成比例的，上帝是按著每一個人所領受的，而不是按著他所沒有的。

上帝為了你所該奉獻的十分之一和捐款而發出召喚，祂呼召你在聖工的每一範圍內獻身，在指定你的崗位上盡忠職守、殷勤作工；記著基督正在你身旁，為你計畫、謀算和建造。「上帝能將各樣的恩惠，多多的加給你們；使你們凡事常常充足，能行各樣善事。」（哥林多後書 9：8）為要推廣上帝在世上的國度，就當時常樂意的，快樂的和甘心情願的，並存著感恩的心來奉獻。當除掉心中的自私，鼓起勇氣來從事基督徒的活動。你若與上帝保持密切的聯繫，就會樂於作任何犧牲，以便將永生帶給那些行將沉淪的人。

靈性興盛與基督徒的慷慨

我奉主的名，懇求弟兄姐妹們，要在我們這工作的緊急關頭，資助上帝的聖工，去與強大的仇敵對抗。不肯給與上帝，常會招致咒詛。靈性的興盛與基督徒的慷慨是有密切關聯的。只管效學救主的慈悲聖德，你有得進天城的珍貴保證，你的財寶乃是要走在你之前為你鋪路。

你要你的財寶安全嗎？把它放在那有十字架釘痕的手中吧！你若保留所有的一切，就會是你的永恆損失；交給上帝，在這些財物上就馬上會加蓋上帝的名號，並蓋上祂永不變更的印記。要享用你的財物嗎？用它來福惠那些受苦之人吧！要你的財產增多嗎？「你要以財物和一切初熟的土產，尊榮耶和華。這樣，你的倉房必充滿有餘；你的酒榨，有新酒盈溢。」（箴言 3：10）

上帝會補足給你

所有的人若能盡其本分，上帝葡萄園枯萎的部分，便不再譴責那些自稱是跟隨基督的人。醫藥佈道工作，要打開現代福音真理的門戶。第三位天使的信息，要傳遍各處。節儉吧！現在就要除掉自己的驕傲，儘量把屬世的錢財交與上帝；現今就奉獻吧！你既然與基督合作，手上就有更多的財物分贈別人。上帝會補足給你，以便你能把真理的寶藏帶給更多的生命。祂將會加添給你，使你能施予更多的人。

CEO
Counsels on Stewardship

10 呼召更大的熱誠

這世界和許多的教會正在破壞上帝的律法，我們必須給他們警告，「若有人拜獸和獸象，在額上，或在手上，受了印記，這人也必喝上帝大怒的酒，此酒斟在上帝忿怒的杯中純一不雜。」（啟示錄 14：9－10）既有這樣的咒詛要臨到那些違犯上帝聖安息日的人，我們豈不應表現更大的熱心和真誠嗎？我們為何這樣漠不關心、自私及專顧眼前的事物呢？是否我們的興趣已轉離了耶穌？上帝的真理應用在我們的靈性上時，是否覺得它變得太嚴密和太針對我們，以致我們像基督的門徒那樣被觸怒而轉離，去追尋世界無價值的東西呢？我們花費金錢來達到自私的目的，來滿足自我的慾望，卻眼看著許多生命因不認識耶穌和真理而死亡，此情此景還要持續多久呢？

各人當有活的信心——使人生發仁愛和潔淨靈性的信心。許多男女為放縱自我，甘願無所不為；但願意為耶穌作工的，和願為那些在沉淪中之同胞服事的，卻是多麼微小啊……

投資於天國銀行

現在豈不是我們應當削減自己財產的時候嗎？願上帝幫助你現今就在天國的銀行上作一些投資。我們不是要求貸款，而是樂意的奉獻——把主借給你的財物歸還給祂。你若以上帝為至高無上，愛祂並愛

鄰舍如同自己，我們相信你會在佈道工作上樂意捐獻，以此作為確實的證據。有生靈正待拯救，願你能作耶穌基督的同工，拯救這些祂所代死的人。上帝會賜福予你，使你獲好果實來榮耀祂。願賜《聖經》啟示的同一聖靈，管理你的心，帶領你愛祂的話語，因這就是靈和生命；並開啟你的眼目，使你看到屬靈的事物。今日有這樣多「發育不全」的宗教信仰，就是因為人沒有在他們的生活中實行克己犧牲。

晚雨被拖延

聖靈的沛降，令全地球因上帝的榮耀而發光，但我們必須先有一群蒙光照啟迪、有與上帝同工之經驗的子民，全心全意地獻身為基督服務，上帝的靈才會沛降；若在教會中有絕大多數的人沒有與上帝同工，聖靈就不會沛降。自私和自我放縱既然這樣顯著，上帝就不能沛降祂的聖靈；若被這種精神占了優勢，就等於重述該隱回答時所用的話：「我豈是看守我兄弟的嗎？」

壓制每一屬世的愛好

我親愛的弟兄姐妹們，我以溫柔和慈愛的話對你們說，必須把每一屬世的慾望壓制於偉大的救贖工作之下。當記著，在基督信徒的生活中，必須反映出和祂一樣的獻身，並將一切對社會要求和屬世的情感置於上帝的聖工之下。上帝的要求是最重要的。「愛父母過於愛我的，不配作我的門徒。」（**馬太福音** 10：37）基督的人生就是我們的課本，祂的榜樣要感動我們，去為別人的利益努力，作出不疲不倦的克己犧牲。

上帝的工人要不斷地運用他們的每一分力量，帶領男男女女歸向上帝。在為祂的服務上，絕不容讓漠不關心或自私的存在。若轉離克己犧牲，而去自我放縱或不殷勤地向聖靈求助，就是把能力給予仇敵。基督正細察祂的教會，有多少人是因未注重其屬靈生命而定了自己的罪啊！

上帝不會要求我們所沒有的，祂所要求的——就是毫無保留的奉獻。倘若每一個基督徒都已忠於他們在接受基督時所立下的約言，就沒有這樣多的世人在罪中滅亡了。那些還沒有預備迎見主而進入了墳墓的人，誰會為他們負責呢？基督為我們獻上了自己，作完全的犧牲，祂對於拯救罪人的工作，是多麼懇切啊！祂努力去預備門徒從事服務，是多麼不知倦啊！但是我們所能做到的竟是如此微少！而我們這微薄的影響，卻因未作或承諾後沒有完成的工作，和那漠不關心的習慣所削弱了。我們因無法完成上帝所賜的工作而損失了多少！既身為基督徒，就當為這景況驚駭。

犧牲的精神

救贖的計畫是依賴那長、闊、高、深無法測度的犧牲而完成。基督並沒有差派天使來到這墮落的世界，自己卻留在天上；祂來到營外，忍受凌辱，祂成了常經憂患的人，代替我們的軟弱，擔當我們的疾病。自稱基督徒若缺少克己犧牲的精神，上帝便視之為否認基督的名號。那些聲稱跟從基督的人，卻放縱他們想發財的自私慾望，去追求貴重的衣著、傢具和食物，他們只是有名無實的基督徒而已。要做基督徒，就要像基督。

使徒所說的話是何等的真確：「別人都求自己的事，並不求耶穌基督的事。」（腓立比書 2：21）許多基督徒的行為與他們配帶的名號並不對稱。他們好像未聽聞救贖計畫所要付出的無限代價。多半人的目標，只在世上建立自己的聲望，然後自我放縱、隨波逐流，拚命去達成自己的目的，好像世人一樣，於是，就把協助建立上帝國度的能力來源切斷了。

上帝的聖工，本應以十倍於目前的力量和效率前進才對，可惜因一些自稱屬上帝的人，竟挪用了原應奉獻為祂服務的財物，聖工就像寒冬的風暴阻延了春天來臨一樣，被抑制了。由於沒有在我們的生活中實踐基督克己犧牲的愛，教會本來應有的剛強，就成了軟弱，而失去了她的亮光，令數以百萬計的人得不著福音。

基督為此作了重大犧牲，那些人怎能自私地享受祂的恩賜呢？祂的愛和犧牲是無與倫比的，除非這愛能進入信徒的經驗中，這樣才能與救主志向相投。他們的工作就是要建立基督的國度，並為聖工、在需要時獻上自己和所有的財物。

基督對跟從祂的人，懷有極大的期望。凡把救靈的目標擺在面前的人，絕不會不設法克己犧牲的。這是個別的工作。凡我們所能施予的，都要流入上帝的府庫裏，用來傳揚真理，使基督再來的信息和明白祂律法的要求，能散佈於世界各地，因此我們必須差派傳道士出去工作。

耶穌的愛存在心靈中，會從言語和行為中顯示出來。基督的國度將是至高無上的，自我要被放在上帝的祭壇上作為樂意的獻祭。每一個與基督真正聯合的人，都會感受到他們是熱愛生命的，這愛曾令上帝的愛子離開祂尊貴的寶座，放棄至高的指揮權，並為我們的緣故變成貧窮，使我們因祂的貧窮得變成富足。

呼召獻身的家庭

上帝呼召那些認識真理的人，作出個人的努力，且呼召基督化的家庭進到黑暗和錯謬的地區中，或前往國外，與新的社會階層接觸，並為主的緣故明智和堅忍地作工。要答應這呼召，就必須克己犧牲。

正當許多人等待著一切障礙被消除的時候，世上的人正在沒有指望和沒有上帝的景況中死去。有許許多多的人為了屬世的利益而冒昧地到他們以為可獲商業利益的地方去，或許為了獲取更多科學知識而冒險進入有傳染病的區域；照樣也應該有一群男女為了改變他們所居住的社會，而把家庭搬遷到需要真理的區域，使人看出他們是基督的代表，但是這些人卻在哪裡呢？

在世界各處都可聽聞馬其頓的呼聲，人們在說：「請過來……幫助我們。「為何沒有人決心回應呢？應該有數以千萬計的人受基督精神所激勵，跟從那位為世人而捨棄自己生命的榜樣。為何不願作出決定性和克己犧牲的努力，去指導那些還未認識真理的人呢？那位最崇高的傳道士曾到這世界，並在我們面前展示應有的作工態度。再沒有什麼人能為基督的見證人，劃出更準確的界限。

那些有錢財之人的責任是雙倍的，因這些錢財是上帝所託付的，所以他們應感受到對各方面聖工的責任。真理的金鏈能把人牽引到上帝寶座前的事實，應感動人利用上帝所賜的氣力去工作，在更遠的區域裏運用上帝的財物，向外邦人傳播有關基督的知識。

許多人蒙上帝託付錢財以福惠人類，但最後卻證明這並不是他們或別人的福氣，反成為網羅或陷阱而已。上帝所賜的錢財，會是你的絆腳石嗎？祂所託付用以經營的財物會纏累你，使你離開上帝的工作嗎？你會容許上帝放置於你掌中的財物，隔開了祂與你的同工關係，減低了你的影響力和效能，以致不能做一個忠心的管家嗎？你會呆坐家中把持著上帝所託付用以存放在天國銀行的財物嗎？你不能爭辯說沒有事可作，因每樣工作都等待著要完成。你會滿足於家中舒適的享受，就不向那些淪亡的生靈，講述他們要怎樣做，才能獲得基督為愛祂的人所預備的住處嗎？你願意奉獻一切，使別人能獲得永不衰殘的基業嗎？

11 變賣房屋和財產

上帝呼召那些擁有土地和房屋的人，去變賣並將金錢用來供應佈道地區的急切需要。他們一旦感覺到因這樣做而得的真正滿足，就會繼續捐獻，上帝所委託的錢財便會不斷地流入府庫，許多生命會因此而悔改。這些生命會為基督的緣故，接著實行同樣的克己犧牲、節約和儉樸，使自己也能奉獻給上帝。由於祂忠心的管家能明智地運用錢財，使更多的生命悔改，於是聖工便繼續前進。此事證明了上帝的恩賜為人所愛戴，也承認了那偉大的施予者，並將榮耀歸給祂。

我們既站在聖工的立場上，作出懇切的呼籲，並提出佈道工作的經濟需要，那些信奉真理的盡責者就會受到感動。他們會像基督所稱讚的那位捐兩個小錢的寡婦一樣，在貧乏中竭力地奉獻，甚至不顧到明顯的日常生活所需；然而那些有自置房屋和田地的人，卻倔強自私地緊抓著屬世的財富，對上帝的信息沒有足夠的信心，也沒有把金錢放在祂的工作上。對這樣的人，正好需要基督的話：「要變賣所有的，賙濟人。」（**路加福音 12：33**）

期待個別的導引

有貧窮的男女寫信向我求教，他們是否要變賣家園，把所得的金錢捐獻出來。他們說，是因這些關乎錢財的呼籲，感動了他們的心，

要對這位為他們成就了一切的主，有所表示。我的回答是：「也許你們現在還沒有責任要變賣那簡陋的房屋，但可親自向上帝求問，祂必然垂聽你們祈求智慧的懇切禱告，使你們明白自己的責任。」

財物是縮減而非加增

現今就是弟兄們應當縮減財物的時候了。我們快要進入更美的，就是在天上的家鄉。那麼，不要作地上永久的居民，卻要儘量將各樣事物緊縮起來。

時候要到，我們就快不能以任何的價錢出售了。有法令會宣布，除了那些已受獸的印記之人外，禁止一切的人作買賣。

為艱難時期作準備

在艱難的時期中，房屋與田地對聖徒而言，是毫無用處的，因他們必要在狂怒的暴民之前奔逃，屆時他們無法出售財產來推展現代真理的聖工了。我蒙指示，知道上帝的旨意是要聖民在艱難時期未到之前，先行擺脫各樣的負累，並以犧牲與上帝立約。他們若能把財物放在祭壇上，誠懇地祈求上帝將責任指明，祂便會指導他們應在何時變賣這些東西，使之在艱難中仍得自由，不會被障礙物所拖累。

我得異象看見若有人抓著財產而不向上帝求問應負的責任，祂就不指明責任，結果他們被准許保留財產，但在大艱難時，這些財產便會像大山一樣要把他們壓碎，想把它出售，卻沒辦法。我聽見一些人憂傷地說：「當聖工遭遇困難，上帝的子民因沒有真理快要餓死時，我們卻未努力去補足他們的缺欠，現在我們的財產已毫無用處，啊！若能及早把它變賣，就有財寶在天上了！」

我看見供物並無加增，反而減少，甚至被燒盡了。我又看到上帝並沒有要求祂的子民，在同一的時間內變賣他們的產業，但只要他們願意接受教導，祂便會在需要時指教他們，並告知變賣的時間和應賣多少。過去一些人被要求變賣財產來維持聖工，而另一些人卻被准許保留財產，直至有需要時。只要聖工有所要求，他們的責任就是去變賣。

沒有地上的牽掛

上帝的工作要愈來愈擴展，祂的子民若依從祂的勸勉，就不會有大量的財物在最後的大火中被焚毀。大家的錢財既已放進不會長銹和沒有蟲子咬的地方，他們的心也就不致與這世界拴在一起了。

CEO
Counsels on Stewardship

Counsels on Stewardship

各人要照所得的恩賜彼此服事，
作上帝百般恩賜的好管家，
祂必將各樣的恩惠，多多的加給我們。

第三篇

上帝的保留——十分之一

12 忠誠的考驗

「你要以財物和一切初熟的土產尊榮耶和華；這樣，你的倉房必充滿有餘，你的酒榨有新酒盈溢。」（箴言 3：9 — 10）

此經文教導說，這位會把一切恩惠賜予人的上帝，對祂所賜的有所要求；祂的要求應在我們的思想中居首位。凡尊重這要求的人，都可獲上帝特別賜福。

上帝對待人的原則由此可見。祂把我們的始祖安置在伊甸園中，以各種快樂的事物圍繞著他們，並囑咐他們承認祂是一切的物主。在園子裏，祂令各樣的樹木生長，以悅人眼目，又可作食物；但祂卻保留了一棵。其他的亞當和夏娃都可以吃，但論到這一棵樹，上帝說：「你不可吃。」以作為他們對上帝的感戴和忠誠的試驗。

上帝賜下了耶穌，也就是把天上最豐富的財寶分贈給我們；因祂的恩賜，我們得以享受各樣豐富的東西。地上的出產、豐富的收割、金銀等財寶都是祂的恩賜；又把房屋、田地和衣食交在人的手中，祂只要求我們承認祂是這一切的施予者，因此，祂告訴我們，一切所有的十分之一都是祂的，要歸入祂的庫房，此外還要奉獻其他的樂意捐款。這是上帝所命定用作推進福音工作的方法。

這些有系統的捐獻，是由那位為世人奉獻自己生命的主所設立

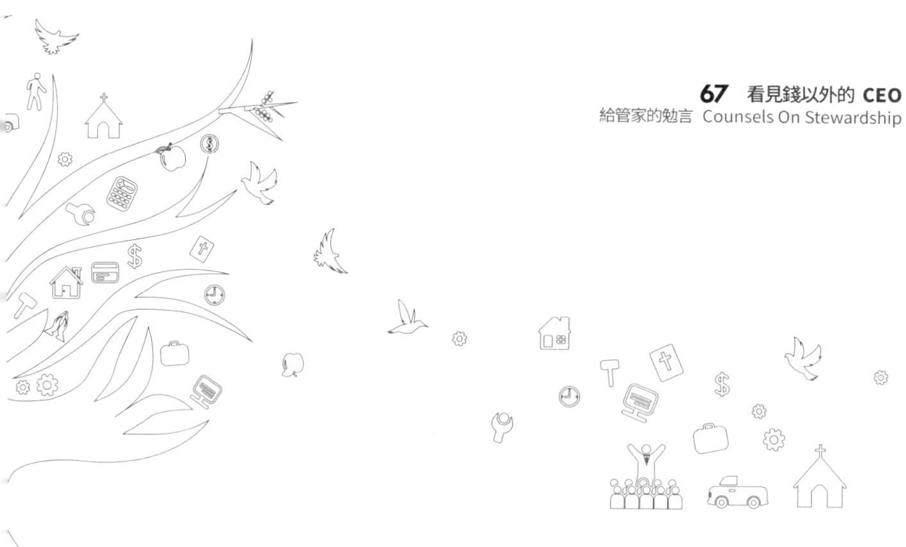

的。祂為救贖人類，情願捨棄王室的尊嚴，放下作天上眾天軍元帥的高貴身分，且在神性上披上人性，為我們的緣故成了貧窮，以致我們因祂的貧窮，得以變成富足，並以祂的智慧告知世人，祂所訂立向世界傳揚祂信息的計畫。

上帝保留時間與金錢

在十分之一的律法上，上帝使用的口吻是與守安息日的相同：「第七日是向耶和華你上帝當守的安息日。」（**出埃及記** 20：10）人是沒有權力把第一日代替第七日，他可以假裝這樣做，「然而上帝堅固的根基立住了。」（**提摩太後書** 2：19）人類的習慣和教訓，並不能分毫減低神聖律法的要求。上帝令第七日成聖，這段時間是由上帝指定和分別出來用作宗教崇拜，至今仍然是一個神聖的日子，如同創造主第一次使它成聖的時候一樣。

我們收入的十分之一同樣是「歸給耶和華為聖的。」（**利未記** 27：30）《新約聖經》沒有再制定十分之一的律法，正如安息日沒有再被制定一樣，因這兩者的效力都是無可置疑的，而它們深長的屬靈意義也已解釋了。我們既是上帝的子民，忠心地要歸還祂所保留的時間，難道就不該把祂所要求的那一部分財物歸還給祂嗎？

所有物和收入都當納十分之一

正如亞伯拉罕所作的，人們要把所有和一切的收入繳納十分之一。忠心繳納的十分之一乃是上帝之物，若將之扣留就是向祂搶奪。各人都當甘心情願地把十分之一和捐款，投入上帝的倉房，因如此行是一種福氣。扣留原屬上帝的一份，是不安全的。

上天的安排

如此行（指亞伯拉罕和雅各納十分之一的經驗）是猶太人未立國之前，先祖與先知們的慣例。當以色列人成為特選的民族，上帝給他們明確的指示：「地上所有的，無論是地上的種子，是樹上的果子，十分之一是耶和華的，是歸給耶和華為聖的。」（利未記 27：30）這律法並沒有與預表基督的獻祭儀文一同被廢去。只要地球上有上帝的子民，祂對他們的要求仍是一樣。

我們一切收入的十分之一全是上帝的，祂已為自己保留作為信仰用途，這是神聖的。在祂安排之下，不應有任何減少，否則祂不會悅納。若疏忽了這責任或有所延遲，就會使祂不悅。如果所有的基督徒都忠心納十分之一，祂的庫房便會滿溢。

賜厚福的計畫

十分之一的特別制度，是建立於與上帝誡命一樣恆久的原則之上。這制度曾經是猶太人的福氣，否則上帝不會賜給他們；同時也是末日時實行之人的福氣。我們的天父創設這有系統的慈善計畫，不是要令自己富有，乃是要賜厚福予人。祂知道這慈善的計畫，正是人所需要的。

十分之九比十更多

很多人便可憐以色列人，因他們除了每年的樂意捐款之外，還要被迫作有系統的奉獻。一位全智的上帝，自有祂的旨意，知道怎樣的慈善計畫才是最好，並賜下了有關的指示給祂的子民。這就證明了十分之九對他們來說比十分之十更有價值。

與猶太時代迥然有別

在我們的一切收入中，應先將第一份歸還上帝。在吩咐猶太人的慈善計畫上，是要把上帝所賜的第一批收穫（**牛群或羊群中的生產，或在田間、果園和葡萄園中的果實**）歸給上帝，不然的話，就要以同樣的價值贖回。但在我們今日，事情的次序起了多大的改變！上帝的要求常被放在最末後，或甚至被忽略了，然而，我們現在對工作的需要，卻是十倍於從前猶太人所需要的呢！

給使徒們的偉大使命，就是要去到全世界傳福音。這表明了工作範圍的擴展，以及現今落在基督信徒身上的責任愈來愈多了。如果律法在數千年前便要求十分之一和捐款，那到現在就會變成更重要了！若在猶太人的經濟制度中，無論貧富，都要按照各人財物的比例來奉獻，那麼，到現在其重要性就是雙倍的。

13 建立在永恆原則之上

十分之一的制度，可追朔至摩西以前的時代，在這制度未曾明確地給摩西之前，甚至遠至亞當時代，人已被要求奉獻禮物給上帝，以作信仰用途。為要遵照上帝的吩咐，他們便把各樣的捐獻用來表示感謝祂所賜的恩典和福惠。這是世代相傳，亞伯拉罕也曾實行，把十分之一交與至高上帝的祭司麥基洗德。

同樣的原則也存在於約伯時代。當雅各流浪至伯特利時，他一文不值，孤獨地以石頭為枕，就在當晚與上帝立約：「凡你所賜給我的，我必將十分之一獻給你。」上帝並沒有強迫人奉獻，所獻的一切都必須出於自願，祂不會用那勉強的捐款來填補祂的府庫。

保羅認可這計畫

保羅在寫給哥林多教會的第一封信中，給予當地信徒們一些原則性的指導，作為支援上帝在地上工作的基礎，論到他（保羅）為他們工作的事，他以詢問的口吻說：「有誰當兵，自備糧餉呢？有誰栽葡萄園，不吃園裏的果子呢？有誰牧養牛羊，不吃牛羊的奶呢？我說這話，豈是照人的意見；律法不也是這樣說嗎？就如摩西的律法記著說：『牛在場上踹穀的時候，不可籠住它的嘴。』難道上帝所掛念的是牛嗎？不全是為我們說的嗎？分明是為我們說的；因為耕種的當存著指

望去耕種，打場的也當存得糧的指望去打場。」

「我們若把屬靈的種子撒在你們中間，就是從你們收割奉養肉身之物，這還算大事嗎？若別人在你們身上有這權柄，何況我們呢？然而我們沒有用過這權柄，倒凡事忍受，免得基督的福音被阻隔。你們豈不知為聖事勞碌的，就吃殿中的物嗎？伺候祭壇的，就分領壇上的物嗎？主也是這樣命定，叫傳福音的靠著福音養生。」（哥林多前書 9：7 — 14）

使徒在這裏所指的，是上帝對供養服事聖殿的祭司們的計畫。那些被分別出來，任這聖職的人，是由弟兄們所供養，因為祭司是為人的屬靈福氣而服務。「那得祭司職任的利未子孫，領命照例向百姓取十分之一。」（希伯來書 7：5）利未支派蒙上帝揀選，擔任有關聖殿和祭司的職事。論到祭司，有這樣的說話：「耶和華你的上帝，從你各支派中將他揀選出來……奉耶和華的名侍立事奉。」（申命記 18：5）一切增加的十分之一，都是上帝要求據為祂所有的。

保羅所指的，就是這項支援傳道事工的計畫，所以他說：「主也是這樣命定，叫傳福音的靠著福音養生。」後來，使徒寫信給提摩太說：「工人得工價是應當的。」（提摩太前書 5：18）

上帝對我們的要求

上帝對我們以及我們所有的一切都有一項要求，祂的要求甚為重要。為要承認這項要求，祂命令我們把祂所賜的一切中指定一部分歸還給祂，十分之一就是這指定的特別部分；而且在最早的時候以色列人就已照祂的指示，奉獻給祂了。

當上帝拯救以色列人脫離埃及，特作祂自己的珍寶時，就教導祂們奉獻財物的十分之一，以用作聖所的服務。這是一項特別的奉獻，是為特別的工作而用。其實他們餘下的所有財產都是上帝的，並要為榮耀祂而用。不過，十分之一卻被分別出來，以供養擔任聖所之工的人。這是要從一切收穫的初熟果子中抽出來，與捐款和禮物一起奉獻，這樣就有充足的財物來支助當時的福音工作。

上帝對我們的要求，並不少於昔日所要求於祂百姓的。祂給我們的恩賜也不少於古時以色列人，反而超出。祂的工作時常需要金錢，並且是永遠需要的。救靈的佈道工作，藉著十分之一、禮物，以及其他捐款繼續向前邁進。上帝早已為這工作預備了足夠的供應，使傳福音的工作獲得充足的支援。祂宣稱十分之一是祂的，應常被視作神聖的保留，並為聖工的利益，而存放於祂的倉庫，用以推進祂的工作，派更多的信使們到更遙遠的區域裏去，甚至直到地極。

上帝已按手在一切東西之上，包括人和祂的所有物，因這一切都會屬於祂。祂說：「我是世界的主宰，宇宙是我的，我要求你將初熟的果子奉獻來為我服務，這些全是因我的賜福才落到你的手中。」「你要從你莊稼中的穀……拿來獻上，不可遲延。」（出埃及記22:29）「你要以財物和一切初熟的土產，尊榮耶和華。」（箴言 3：9）這項祂所要求的行為，是要作我們對祂忠心的標記。

我們是屬於上帝的，也是祂的兒女——藉創造和祂所賜之獨生愛子的救贖。「你們不是自己的人，因為你們是重價買來的，所以要在你們的身子上榮耀上帝。」（哥林多前書 6：19－20）我們的思想、心意、意志力和感情都屬乎上帝，所處理的錢財也是祂的，收入和享用的每一事物，均出自神聖的恩賜。上帝是各樣美好事物的厚賜者，但祂渴望那些領受的人，對每項供給身體和靈性需要的事物，都加以承認。上帝只是要求祂自己的一份，因這原屬於祂的，必須作為祂所委託的財富來使用。一顆除去了自私的心，將會領悟上帝的恩惠和慈愛，並由衷地履行祂公義的要求。

14 一項簡明完善的計畫

上帝所計畫的十分之一制度，在公平和簡單方面都是完善的。這制度是上帝所創立的，凡存著信心及勇氣的人，都能持守。這種制度既簡明效用又大，並不需要有高深的學識，才會明白和實行。人人都覺得在推進寶貴的救靈工作上，自己也能盡一份力量。每一位男女和青年都可成為主的司庫，也可作一個應付庫房需要的經理人。

這個制度可達到許多偉大的目標。倘若人人都能接受這制度，每位就可成為上帝警醒忠心的司庫，那麼，使傳揚末世警告信息給世人的工作上，就不會欠缺金錢。假使人人都採納這制度，庫房就必充裕，奉獻者也不會更窮困。他們的每一投資，使他們與現代真理更加結合密切。他們就要「為自己積成美好的根基，預備將來，叫他們持定那真正的生命。」（**提摩太前書** 6：19）

貧富一樣

根據《聖經》上什一及捐款的制度，各人所付的數目會有很大的差別，因這是按入息作比例的。對貧窮人而言，其十分之一的數量會較少，因這奉獻是根據他的力量而繳納的。其實一份禮物數量的大或小，並不是蒙上帝悅納的依據，乃是人心中的動機，和所表達的感恩及愛心。窮人勿存有奉獻的數量少和微不足道的感覺，乃應按著力量

而奉獻，並要想到自己是上帝的僕人，祂必悅納這微薄的禮物。

那些蒙上帝委託大筆資本的人，若真愛上帝並敬畏祂的話，就不該把自己良心所發現的這些出自上帝的要求視為重擔，理當滿足這些要求。富有的人將會受誘惑，在自私和貪婪中放縱，還扣留了上帝之物。但那些忠於上帝的人，在受試探時會回答撒但說：「經上記著說，」「人豈可奪取上帝之物呢？」「人就是賺得全世界，賠上自己的生命，有什麼益處呢？人還能拿什麼換生命呢？」（**馬太福音** 4：4；**瑪拉基書** 3：8；**馬可福音** 8：36 — 37）

因立約關係而受約束

在警告世人的偉大工作上，那些心中存有真理，並因真理而被聖化的人，要盡他們被指派的本分，忠心地繳納十分之一和其他捐款。每一教友都要因受到與上帝所立之約的束縛而捨己，避免奢侈和大量的花費。勿讓家庭的經濟需要所影響，而妨礙我們對堅固那早已設立的工作，以及對那已進入新地區傳揚真理的工作，所應盡的本分。

我懇求全球各地的弟兄姐妹，要警醒起來，盡忠心繳納什一的責任。……要為你的創造主保持忠實的賬目。各人當完全認清與那位能知未來的主，所保持的公正關係之重要。應時常省察己心，查察賬目，找出自己與上帝保持著怎樣的關係。

那位賜下獨生子替你受死的上帝，已和你立約。祂既然把祂的福氣賜給你，就要求你把什一和捐款歸還祂。沒有人敢說對這事無從知悉。上帝對什一和捐款的計畫，已明確地寫在〈瑪拉基書〉第三章內。上帝呼召祂的代理人，要忠於與祂所立的約。「將當納的十分之一全然送入倉庫，」祂說：「使我家有糧。」

並非嚴肅的律法

有人宣稱這是約束希伯來人的嚴肅律法，但對那些樂意愛上帝之人，並非重擔。只有在人因戀留屬神的財物，而使自私性情增強時，人才會失去永生的思念，而視他的財產重過性命了。

除了對不服從者外，並非重擔

《聖經》要求基督徒，經常參加積極的慈善計畫，藉以實行出關懷同胞的利益及救恩。道德的律法命令人守安息日，這不是重擔，除非因觸犯了律法，破壞了它而遭受刑罰。什一的制度，對那些沒有背離的人，並非重擔。這吩咐希伯來人的制度，並沒有被它的創設者廢止或放寬而失效，它不僅不會像現今世上的制度軟弱無力，反而要更完整地被執行和推廣；正如救恩只應依賴基督，才能帶來更豐滿的亮光一樣。

微薄的數量

我談到十分之一的制度，但這對我而言是多麼微薄。這估值是何等的微不足道！試圖用數學上的量度，將時間、金錢和愛心，與那無法量度和不能計算的愛和犧牲作比較，簡直是枉然！獻給基督的十分之一，啊！這微薄的數量，若與那偉大的價值相比，實在令人感到羞慚！

15 忠誠的問題

吝嗇和自私的精神，似乎阻礙了人將原屬上帝的東西歸還祂。上帝已與人訂下特別的約，那就是人若能經常為推展基督的國度，而將指定的錢財分別出來，祂便會大大的賜福，甚至沒有足夠的地方來收藏祂所賜的；但人若扣留上帝之物，主坦白地說：「咒詛就臨到你們身上。」那些體會到自己必須依賴上帝的人，一定會感到對同胞要忠實，且更為重要的，就是要忠於上帝，因生命的一切福氣均出自祂。在有關十分之一和捐款方面，逃避上帝命令的人，就是搶奪了上帝之物，此事會被記錄在天上的卷冊上。

凡對上帝或同胞不誠實的人，絕不會真正興旺的。至高的上帝，即天地的擁有者說：「你囊中不可有一大一小，兩樣的法碼。你家裏不可有一大一小，兩樣的升鬥。當用對準公平的法碼、公平的升鬥，這樣，在耶和華你上帝所賜你的地上，你的日子就可以長久。因為行非義之事的人都是耶和華你上帝所憎惡的。」（**申命記** 25：13 — 16）上帝藉著先知彌迦，再次表明祂對欺詐的憎惡：「惡人家中不仍有非義之財，和可惡的小升鬥嗎？我若用不公道的天平……豈可算為清潔呢？因此，我擊打你，使你的傷痕甚重，使你因你的罪惡荒涼。」（**彌迦書** 6：10 — 11，13）

埋沒良知

我們如果不公平地對待同胞或上帝，就是蔑視了上帝的權威，並將基督用自己性命贖買我們的事實置之不理。今日世人公然地盜取上帝之物，祂愈賜下財富，他們就愈徹頭徹尾地據為己有，並隨意使用。但是自稱為基督徒的人，也要跟從世人的習慣嗎？只為了忽略於歸還上帝所宣稱為祂自己的部分，就埋沒良知，並喪失與上帝交往和與弟兄之間的交誼嗎？

讓那些自稱為基督徒的人記著，他們是經營上帝所委託予他們的資本，並且要按照《聖經》的指示，忠心地處理這些錢財。倘若你的內心與上帝保有正當的關係，就不會侵吞祂的財物，而使用在自私的事上。

弟兄姐妹們，上帝若賜給你錢財，就不應視為己有；當視之為上帝的委託，並要忠誠地繳納十分之一和其他捐款。你須知道，若許下誓約，上帝則期望著你儘快履行。切勿在應承將一部分歸給上帝之後，又挪為己用；若是這樣，你的禱告必為上帝所憎惡。就是為了忽略這些明顯的責任，而使教會被黑暗所籠罩。

竊取聖物

凡遵照《聖經》教訓把屬上帝之物分別出來，專供傳福音之用，這物就不再是我們的了。一個人若為了自己或別人的世俗事務，而動用那屬上帝之物，這無異於竊取聖物。有些人卻犯了這錯誤，從上帝的祭壇上盜用那些已特別奉獻給祂的事物。各人應當在正當的亮光中考慮此事，但願沒有人會在窘迫時，把那已奉獻為信仰用途的金錢，為自己的利益而使用，並安慰自己說，在將來必定會歸還。若是這樣，倒不如量入為出，限制慾望，根據收入之多寡以定支出，總比較將上帝的錢作為世俗的用途好得多。

CEO
Counsels on Stewardship

16 規律與系統

聖靈藉著使徒保羅所給予眾人有關捐款的指示，也適用於十分之一上：「每逢七日的第一日，各人要照自己的進項抽出來留著。」（哥林多前書 16：2）這裏所指的，包括了父母和兒童；無論對貧或富，都如此說：「各人要隨本心所酌定的（公正地思量上帝所指定的計畫），不要作難，不要勉強，因為捐得樂意的人，是上帝所喜愛的。」（哥林多後書 9：7）在奉獻捐款的時候，應當思念上帝對我們的恩慈。

每當我們抽出十分之一和捐款奉獻給上帝時，還有什麼時間更為合適呢？我們在安息日裏已經思念上帝的恩慈，並看到祂救贖大能的證據，表現於創造之工上；我們的心便會因祂的大愛而充滿感謝。現今，在一週的勞碌尚未開始之前，讓我們把原屬於祂的，以及樂意捐歸還給祂，以表明我們的熱忱。若然這樣實行，就等於每週作一次證道，宣稱上帝是我們所有一切的物主，並立我們作祂的管家，來使用這些財物以榮耀祂。每逢我們向上帝承認自己的義務時，我們的責任感就會加強。感謝一旦被表達出來，其深度就會增加，身與靈都會因獲得生命，而得到喜樂。

首先是十分之一——其次是捐款

捐獻之事不應依賴感情行動，上帝已賜給我們有關這方面的明確

指示。祂指定了十分之一和捐款作為我們職責的尺度。祂期望我們有規律地和有系統地奉獻。但願各人都經常查看自己的收入，因這一切都是上帝所賜的恩，並將十分之一分別出來，作為特別的款項，專為上帝聖工而使用。這些款項絕不能用於其他事上，乃要全數用作支援傳福音的工作。十分之一被分別出來之後，各人就要「照自己的進項」，奉獻其他捐款和禮物。

先要滿足上帝的要求

上帝不但要求屬祂自己的十分之一，還告訴我們當如何為祂保留，祂說：「你要以財物和一切初熟的土產尊榮耶和華。」（箴言 3：9）這裏沒有教導我們先把錢財用在自己身上，然後將剩餘的交給上帝，雖然這亦可稱為忠心的納十分之一，但應當先把屬上帝的一部份分別出來。我們勿於滿足自己所有的、真實的和幻想的需要之後，才把收入的剩餘獻給祂，乃當在未曾使用一分一毫之前，就把上帝已指定屬於祂的先分別出來。

許多人會在滿足各樣次要的要求，或繳付租項後，若仍有剩餘的話，才把那殘餘的東西留給上帝，若是沒有，聖工則要等待更方便的時候了。

17 瑪拉基的信息

上帝在〈瑪拉基書〉三章八節裏，以明確的話語發出指責、警告和應許：「人豈可奪取上帝之物呢？你們竟奪取我的供物。你們卻說：我們在何事上奪取你的供物呢？」主回答說：「就是你們在當納的十分之一和當獻的供物上。因你們通國的人都奪取我的供物，咒詛就臨到你們身上。」

天上的主宰向那些祂所厚賜福惠之人發出呼籲：「你們要將當納的十分之一全然送入倉庫，使我家有糧；以此試試我，是否為你們敞開天上的窗戶，傾福與你們，甚至無處可容。」

這段信息的任何部分，從來沒有失去其效力，它現有的重要性，也正如上帝不斷賜下的恩賜一樣新鮮。在上帝聖先知的信息亮光中，要明白我們的責任，是毫無困難的。我們並沒有被撇下在黑暗與違命中，摸索前進，因真理早已十分清楚地說明，凡願意在上帝聖鑒中誠實的人，都能清楚明白。我們一切收入的十分之一是上帝的，祂要我們歸還給祂，並按手其上，且說：「在你把什一分別出來並帶同禮物和捐款到我面前之後，我就准許你使用我所厚賜與你的。」

上帝發出呼喚，叫人把祂的十分之一送進祂的府庫。但願這一部分能嚴格地、誠實地和忠心地被歸還給祂；此外，祂還呼召你的禮物

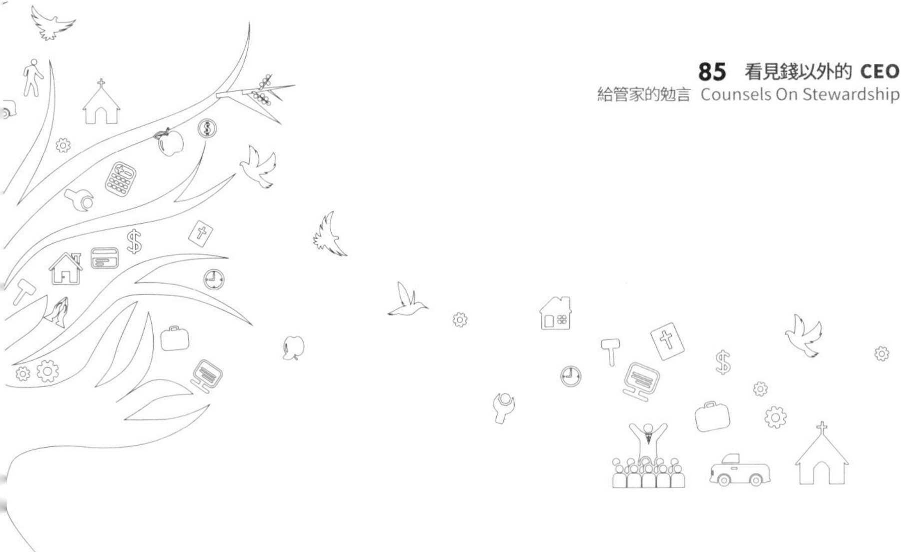

和捐款。沒有人會被迫奉獻十分之一或禮物和捐款給上帝，正如上帝的聖言正確無誤地賜給我們一樣，但祂也必照樣要求每個人把屬祂的一份，連本帶利的歸還給祂。人若不忠心歸還上帝之物，或忽視了祂對管家所發的命令，那麼，在我們所受的委託上，就不會繼續享有上帝的賜福。

上帝有工作分派給每一個人，作祂僕人的要與祂合夥。人若是要選擇，可以脫離他們的創造主，拒絕獻身為祂服務及經營祂所委託的貨財，甚至他們可以不實行節儉和克己犧牲，或忘記了上帝要求他們歸還所賜下之一部分。這樣的人都是不忠心的管家。

一位忠心的管家，會在上帝的工作上盡他一切所能，並明白置於他面前的一項目標，就是世人的大需要；亦知道真理的信息，不但要在他的鄰近傳開，也要傳到更遠的區域。當人堅持此種精神時，從真理而得的成聖和對真道的喜愛，就能驅散貪婪、狡詐和各樣的不誠實了。

大膽的否認

我知道你們也在宣布，說我們不應交十分之一了。我的弟兄，把你的鞋從腳上脫下，因為你所站之地乃是聖地。上帝已有話論到繳納十分之一，祂說：「你們要將當納的十分之一，全然送入倉庫，使我家有糧。」最近我從上帝那裏獲得有關這問題的直接亮光，有許多信徒，在十分之一和捐款上搶奪了上帝的財物；這清楚地啟示給我的，就是瑪拉基所說的，確是實情。這樣，有誰竟敢在他心中思想，要扣留十分之一和捐款是出自上帝的建議呢？弟兄啊！你在何處轉離了？快把你的腳重踏在正路上吧！

向上帝搶奪

名字被記錄在教友名冊上，並不使你成為基督徒。你要把禮物奉獻於犧牲的祭壇上，並要竭盡你的能力，與上帝合作，以至祂可藉著你來彰顯祂的真理美妙之處。對於救主切勿有任何的扣留，因一切都是祂的。若不是祂先賜給你，你就沒有可作奉獻的了。

自私已進入你心中，並且佔用了原屬上帝之物。這就是貪心，亦即拜偶像。人獨佔了上帝借給他們的東西，遠以為這是他們的財產，可隨意使用。他們求財的心願，既然獲得滿足，就以為所擁有的錢財，能使他們在上帝眼中成為有價值。須知這是一個網羅，也是撒但的欺騙。光是外表有何裨益？有何值得誇耀之處？這些男男女女在傲慢與自我放縱上，能賺取什麼呢？「人就是賺得全世界，賠上自己的生命，有什麼益處呢？人還能拿什麼換生命呢？」（馬可福音 8：36 － 37）屬世的財富是短暫的。唯有靠賴基督，才能獲得永恆的財寶。祂賜下豐盛的財寶，是人無法計算的。你既然找著了上帝，那麼，你在祂的財富之上，已是極其富足的了。「上帝為愛祂的人所預備的，是眼睛未曾看見，耳朵未曾聽見，人心也未曾想到的。」（哥林多前書 2：9）

要自問怎樣使用上帝的錢財？「因你們通國的人都奪取我的供物，咒詛就臨到你們身上。」你有否把自己放置在一個地位上，以致這句話適用於你？

我們正生活於嚴肅的特權和神聖委託的時期，生死的命運就在此時決定。你們這些自稱為上帝兒女的人，要恢復理智，將當納的十分之一歸還祂的府庫，並按著上帝賜予的昌盛，樂意地和大量地把捐款獻給祂。當記著，上帝把銀子委託給你，要你殷勤為祂經營；也當謹記，忠心的僕人絕不會把功勞歸給自己，一切榮耀與讚美都應歸給上帝：你已把你的銀子賜給我。除非先有存款，否則就沒有利息；除非先有資本，否則就沒有盈餘。這資本是上帝預借出來的，經營的成功也來自祂，榮耀也應歸給祂。

啊！惟願一切有真理知識的人，都能服從這真理的教訓。但是，那些站在永恆世界的門檻上的人，為何竟如此盲目呢？一般而言，信徒在錢財上都不會缺乏的。但有許多信徒，卻不認識那置於他們身上的，與上帝和基督一同合作拯救生命的責任。他們沒有向世人表現出上帝對罪人所有的深切關懷，也沒有善用賜予他們的機會。自私就如痲瘋病一樣，控制著教會；若教會要得醫治，主耶穌就會把這可怕的病治癒好。解藥是在〈以賽亞書〉第五十八章裏。

一件嚴重的事情

一件嚴重的事，就是侵吞和搶劫上帝的財物，這樣做會敗壞理解力，使人心變硬。凡沒有以真誠和無私的愛去愛上帝的人，就不能愛鄰舍如同自己，這些人不會結出果實，他們的理解力，也會被烏雲所籠罩。

最後的大日要向這些人和全宇宙顯示，他們若沒有依從自私的意願，在十分之一和捐款上搶奪了上帝的話，那麼，許許多多的善事就早已完成了。他們大可把財寶存入天國的銀行，保留於不會破舊的錢袋中，可是，他們不但沒有這樣做，反而花費在自己和兒女身上，好像害怕上帝要了他們的錢或影響力一樣，因此，他們就蒙受永恆的損失。但願他們會考慮到扣留上帝之物的後果。怠惰的僕人沒有把主人的錢財交給那兌換銀錢的，就不能承受那榮耀和永恆的國度。欺詐上帝是人所犯的最大罪行，但這罪卻是深陷而普遍的。

每一塊錢都被記錄

你會扣留上帝之物嗎？你會從上帝府庫中盜竊那宣稱屬祂的錢財嗎？你若這樣做，就是向上帝搶奪，並且被記錄在天上案卷裏的每一塊錢要向你提出控訴。

為何一些人的福氣會被扣留

各位弟兄姐妹們，快快繳納忠心的十分之一給上帝，也要獻上樂意的感恩捐款。有許多人，除非把他們曾經扣留的十分之一償還，否則，是得不著賜福的。上帝正等待你彌補以往的過失，那神聖律法的手也正按在每一享受上帝利益的生命之上。惟願那些曾扣留十分之一的人，都準確地計算，並把搶奪上帝之物歸還祂。要補償和把平安祭獻給上帝。「讓祂持住我的能力，使祂與我和好，願祂與我和好。」（以賽亞書 27：5）你若承認侵佔了上帝之物，並知道錯，而且直率和全然地悔改，祂會赦免你的罪。

黑暗被帶進教會

有些傳道人沒有教導人去盡全部的責任。他們未宣講全部的真理，而只宣講那部分不會引起反對和使人心不悅的道理。人們雖喜歡聽這些人的講道，但因為尚未達到上帝的要求，而在屬靈方面有所缺乏。祂的百姓沒有在十分之一和捐款上，把原屬於祂之物歸還。無論貧富，都搶奪上帝，因此黑暗就被帶進教會之中。與他們一起勞碌的傳道人，也沒有坦白地把上帝明顯的旨意告訴他們，結果因他疏忽責任，而與百姓一同被咒詛。

自私的扣留會被記錄下來

上帝洞悉每一貪心的意圖，就是想要扣留祂物的意圖。那些自私地忽略了十分之一，以及沒有將禮物與捐款一同帶進府庫的人，上帝都看見了。耶和華上帝明白這一切。記錄冊既然擺在祂面前，用以記錄那些敬畏上帝和思念祂名的人，照樣也有一份記錄，記載那些把上帝所委託用以救靈的財富，用在自己身上的人。

不忠心管家的大損失

對那些以財物尊榮上帝之人的應許，至今仍然記錄在神聖的卷頁之中。上帝的百姓若忠心順從祂的指示，這應許便實現在他們身上。但當人不理會那擺在他們面前、上帝的明確要求之時，上帝仍准許他們隨意去作，繼而收割他們行為的惡果。任何人若將上帝為自己所保留的一部分挪為己用，就證明他不是一個忠心的管家。他不但要失去從上帝所扣留的，也要失掉那本該屬於自己的。

18 讓我們試試上帝

「萬軍之耶和華說，你們要將當納的十分之一全然送入倉庫，使我家有糧，以此試試我，是否為你們敞開天上的窗戶，傾福與你們，甚至無處可容。」我們是否要服從上帝，把所有的十分之一和捐款奉獻，以致有糧來供養那些饑餓的生命呢？現在上帝邀請你試試祂，舊的一年即將結束，願我們在新的一年中，能將上帝的府庫填滿。

祂對我們說，祂要打開天上的窗戶，把福氣傾注而下，甚至無處可容。祂如此擔保說：「我必為你們斥責蝗蟲，不容它毀壞你們的土產；你們田間的葡萄樹在未熟之先，也不掉果子。「因此祂的話就是我們的保證，祂會賜福給我們，以至我們有更多的十分之一和捐款來奉獻。「萬軍之耶和華說，……現在你們要轉向我，我就轉向你們。」**（瑪拉基書 3：7）**

弟兄們，你們會照著做嗎？要甘心情願地、快樂地和大量地奉獻嗎？國外的佈道地區正在需要錢財，他們會失望嗎？國內的聖工，是憑信在不同的區域裏設立的，也需要大量的金錢，它們要被撇下、凋萎死去嗎？我們應否醒察？但願上帝會幫助祂兒女盡他們最大的努力。

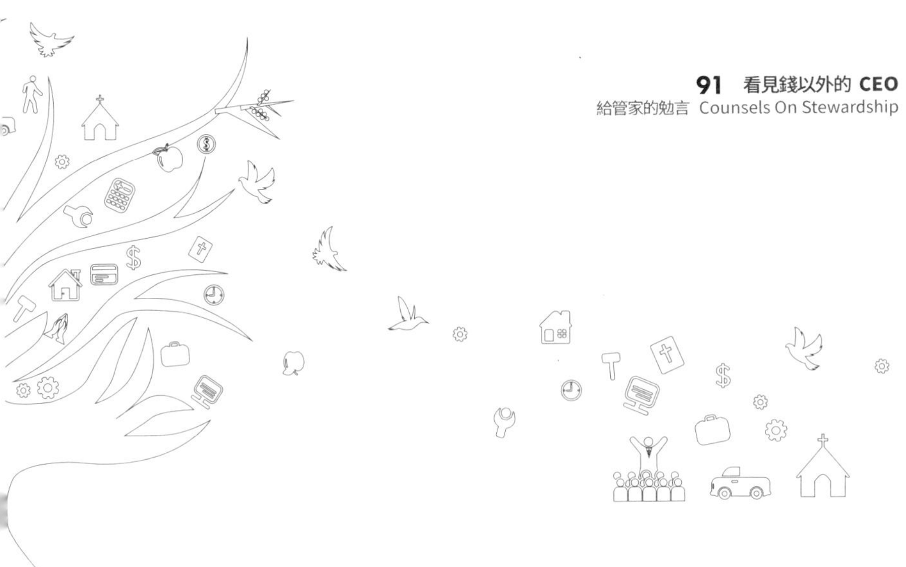

不必冒險

我們只要照著上帝的要求去做，就有多少的恩慈、豐滿和完全保證賜給我們！應當把握時機，並相信上帝會實現祂的應許。讓我們在上帝的話語上，從事投資。有些人為了在地上致富，甘願冒極大的危險，全不顧及永生的思念，甚至犧牲崇高的原則，但他們卻可能會在這樣的謀劃中盡失一切。若能依從上天的建議，就不會冒這樣的危險。我們必須接受上帝的話，並以單純的信心而接受上帝的應許，把屬祂之物歸還祂。

災禍的原因

許多自稱為基督徒的人，為滿足自己想像中的一切需要而奢侈浪費，卻沒有注意到上帝聖工的需求。他們扣留了自私的一部分或全部的上帝禮物，以為如此搶奪上帝就可獲得利益，結果他們所得的是損失而不是利益。他們的所行導致恩慈和福氣被扣留著。人因自私和貪婪而蒙受慘重的損失，真是得不償失！他們若能完全樂意地承認和達到祂的要求，上帝便會賜福給他們，使地上的出產增多，有更大的收割，一切的需求都因此而獲得豐滿的供應。我們施捨愈多，則收入愈多。

上帝的命令帶有應許

責任就是責任，應當切實地執行。上帝憐憫我們墮落的境況，因此在祂的命令上加上應許。祂呼召其子民試試祂，宣布以最大的福氣償還給凡順從的人。祂鼓勵我們奉獻給祂，並宣稱祂會按著捐獻的比例來償還。「多種的多收」，上帝絕不會不公平地忘掉你的行為和出自愛心的勞力。

上帝對待我們是多麼的溫柔和真誠啊！在基督裏，祂把最大的福氣賜予我們；並藉著祂（**基督**），在與我們所立的契約上簽上祂的名。

CEO
Counsels on Stewardship

19 佔用上帝的儲備金

最近上帝賜給我特別的證言，是有關祂藉瑪拉基所賜下的警告和應許。當我在雪梨（澳洲）的教堂演講後，就在房間內穿上外套時，有人問我說：「懷姐妹，你認為我的父親應該繳納十分之一嗎？他最近遭遇很大的損失，他說待債務清還後，就立即繳納。」我問道：「你是怎樣考慮我們對上帝的責任呢？祂給我們生命、呼吸和享受著一切福氣。你要繼續加增對祂的虧欠嗎？你要搶奪祂的財物嗎？就是祂從未賜給我們，只限於推展祂的聖工和供養傳道人而不能作其他用途的那一部分。為要回答你的問題，瑪拉基先知這樣說：『人豈可奪取上帝之物呢？……你們卻說：我們在何事上奪取你的供物呢？』似乎是有人故意誤解這一件事，然而答案卻很清楚：『就是你們在當納的十分之一，和當獻的供物上。因你們通國的人，都奪取我的供物，咒詛就臨到你們身上。』聽完了這一句話，我還敢對你說，只要你負債，就可以不納什一嗎？難道我會對你說，寧可奪取上帝之物，也要償還欠人的一切嗎？」

倘若所有的人都能照《聖經》所說的加以接受，並打開他們的心來了解上帝的話他們就不會說：「我不能明白十分之一的問題，也看不出在我的景況中應該納十分之一。」「人豈可奪取上帝之物呢？」這樣做的後果，已清楚地說明了，我是不會冒這後果的危險。一切全

心決意順從上帝之人；一切不使用上帝的儲備金，祂自己的金錢——來償還債務的人；一切將上帝稱為己有的部分財物歸還的人，都要得到祂所應許給順從祂的人的福氣。

不肯給予的真正原因

我看到一些人以負債為藉口，不願支助上帝的聖工。他們若省察己心，就會發現沒有把樂意捐獻給上帝的真正原因，乃是自私。一些人會經常欠債。因為他們貪心，愛世界過於愛真理，以致上帝那使人昌盛的手，沒有賜福於他們的事業。他們仍不適宜於為上帝的國作準備。

因信心不足而扣留十分之一

什一是神聖的，是由上帝親自保留的，應該送進祂的府庫，用作維持傳福音的工作。歷年以來，因為有人不認識十分之一是上帝所保留的一份，而剝奪上帝的財物。

一些人對事情感到不滿，就會說：「我不再繳納什一了，因為我對事情和工作的管理沒有信心。「你因工作管理不當，就向上帝搶奪嗎？應當向正當的人投訴，並且開誠布公地商討，把請求提出，以便糾正事情的次序，但切勿因別人做得不對，就退出上帝的工作，而被證實為不忠心的人。

以對上帝的責任為首

一些人感悟到對他們兒女的神聖責任。他們必須把一部分給予每個兒女，而又覺得無力提供錢財以支助上帝的聖工，因此推說對兒女有責。他們也許有道理，但須知最重要的責任，乃是對上帝。但願沒有人向你提出要求，而使你對上帝的財物進行搶奪。不要讓你的兒女們為了他們自己的利益，而使你從上帝的壇上盜取捐款。

CEO
Counsels on Stewardship

20 醒覺良知的反應

在某某教會所舉行的特別聚會中，決定了要在屬靈、敬虔、慈善和活動方面力求進步。他們講論到在什一和捐款上搶奪上帝的罪惡。

許多人都承認已經多年沒有繳交十分之一，而我們卻知道，上帝是不能賜福與那些向祂進行搶奪的人，因此，教會就會為教友個別犯罪的結果而受連累。我們教會的名冊上，滿記著教友的名字，他們若全部迅速地繳納十分之一給上帝，這原是祂的一份，上帝的府庫，就不會欠缺錢財了。

搶奪上帝的罪既然被提出來，教友們就要在這事上更清楚明瞭他們的責任和特權。一位弟兄說，他已經有兩年沒有納什一了，因此感到失望，但在他承認自己的罪後，便開始感到有轉機。他問道：「我該怎樣做呢？」

我說：「把你的字條交給教會司庫，但要像做生意那樣認真。」

初時他覺得這項要求甚為奇特，最後終於坐下來，開始寫道：「為了所得的價值，我應許捐獻⋯⋯」他往上一望，似乎在說，這樣用字條寫給上帝，對嗎？

「對的！」他繼續寫下去，「為了所得的價值。難道我不是每日

都領受上帝的福氣嗎？不是有天使保護我嗎？上帝豈不是賜我屬靈和今生的福氣嗎？為了所得的價值，我今應許捐獻美金 571.5 元的數目，給教會的司庫。」在他盡力而為之後，便成了快樂之人。過了幾天，他拿著這張字條，並把什一送交庫房，此外還付上 125 元的聖誕捐款。

另有一位弟兄，寫了一張 1,000 元的字條，期望在數週內付款；還有一位寫了 300 元。

未付的什一是上帝的資產

許多人長期忽略了忠心地對待他們的創造主，因他們每週都沒有把什一分別出來，所以堆積成為一大數目，到了如此地步，十分不願把事情修正。他們把未付的什一保留作為己用，其實這是上帝的資產，只是他們拒絕送入祂的府庫而已。

粗心大意的人要重修他們的聲譽

讓那些變得粗心大意和扣留什一及樂意捐的人，記著自己是阻塞道路的，以致真理不能傳入更遠的區域。我受囑咐要呼召上帝的子民，向上帝繳納忠心的什一，來重修他們的聲譽。

以字據付款

星期五早上，我講論十分之一奉獻的題目，這題目已很久沒有適當地向教會提出了。由於疏忽，加上經濟不景氣，令過去一年的什一捐有了顯著的下降。在今次會議中，這題目再被提出，並小心討論。

一位來自塔斯馬尼亞島（Tasmania）、像貌頗為高貴的弟兄，過來對我說：「今天很高興聽見您講論十分之一，從前我不知此事如此重要，以後我不敢再把它忽略了。」「現今他正在計算過去二十年十分之一收入的數目，並盡可能及早償還，因為他不能讓那在天上的卷冊，記錄著他會把上帝之物搶奪，直至審判之日。

一位屬於墨爾本（Melbourne）教會的姐妹，帶來了十一鎊欠交的十分之一，她一直不知道這筆款是要繳納的。當他們一旦接受了那真光，就會承認虧欠了上帝，並表示決心要償還。我建議他們把應許付款的字條放在司庫那裏，待手上一有錢，便立刻忠心地繳納全數的什一。許多人點頭同意，而我確信明年教會的庫房，就不會像現在這樣空洞了。

想到被扣留的什一，面色變成蒼白

許許多多的人已失去了克己犧牲的精神，他們把金錢埋藏於屬世的事物中。有些人是上帝曾經賜福的，也是祂要試驗的，看看這些人對祂所賜利益的反應。他們卻扣留什一及捐款，直至對萬軍之耶和華的虧欠愈來愈巨大，甚至每逢想到要歸還上帝之物——公平的十分之一時，面色便變成蒼白。弟兄們，現在就是你們對上帝誠實的機會，趕快行動吧！切勿拖延。

面對新的一年

你是一個怎樣的管家？在過去的年日中，有否在什一及捐款上搶奪上帝？看看你那滿載的穀倉，和盛載上帝所賜美物的地窖，然後問你自己：「有沒有把屬於那賜予者之物，歸還給祂？」你若曾向上帝搶奪，就當賠償。要盡可能把過往修正，然後求救主饒恕你。難道你不想趁著這一年的時光與沉重的記錄未在永恆中消逝之前，把上帝之物歸還祂嗎？

以痛悔的心情償還

無論你在何處忽略了歸還上帝之物的本分，就當悔悟和賠償，否則祂的咒詛會留在你身上。既然你已竭力而行，對屬於創造主之物毫無拖欠，就可祈求祂供給錢財，把真理的信息遍傳這世界。

雅各的盡忠

雅各受了恩典之露的滋潤，精神煥發，又因上帝的在場及保證，就蓬勃有生氣，便立了誓。（**創世記** 28：20 — 22）等到上帝的榮耀退去，他又遇到了試探，正如今日的人一樣；但他對於所立下的誓，卻忠守不渝，而不肯思想免還所許之願的可能。他盡可以像今日的人一樣，自辯自解說，這番啟示不過是一場夢而已，在他許願之時，是過分的興奮，因此，可以不必遵守，但他卻沒有這樣做。

此後相隔多年，雅各才敢回歸故鄉。在他回去之日，他忠心還他欠主的債。他此時已成了富翁，他從自己的財產中，提出一大份來，獻入主的庫中。

現今許多人在雅各所成功的事上失敗了。那些受上帝賜以極大財富的人，因為必須比照所有的產業捐獻，便有極強的傾向，想要保存自己所有的。

雅各從一切的財產中，抽出十分之一來，然後又將自己在外邦之地無法還願時，藉用此十分之一所生的利益，也奉還給主。這是一筆可觀的數目，但他卻毫無猶豫；他認為已立誓之物，都不視為己有，乃屬於上帝的了。

上帝賜給我們多少，祂就要求多少。人受託的資本愈多，上帝所要求歸還祂的禮物也就愈貴重。如果一個基督徒有一、兩萬元，上帝必要向他要求，他不但應照十分之一的制度向上帝捐獻，也應當獻上贖罪和感恩的捐款。

禱告不能取代十分之一

禱告不是存心改變上帝，乃是要使我們更與上帝和諧一致。祈禱不是代替責任，不論是多麼經常和懇切的祈禱，也絕不會蒙上帝接受來取代十分之一。禱告不會償還我們所欠下上帝的債。

趁著為時未晚

再過不久，恩典時期就要結束；如果你現在沒有忠誠地事奉上帝，到將來如何交代這些不忠作為的記錄呢？因此有一項呼召即將發出，要把賬目清算，你會被問道：「你欠我主人多少？」你若曾對上帝不忠，我勸你想到自己的欠缺，並要設法補救。倘若不能，就當以謙卑悔罪之心，祈求上帝因基督的原故，赦免你所負的巨債。

從現今就開始基督徒的行動吧！不要尋求藉口，以逃避歸還上帝之物。現在，就當趁著恩典親切的呼喚尚可聽聞；趁著為時未晚，尚來得及糾正；趁著邀請尚未收回之時，你若聽祂的話，就不可硬著心。

21 什一的用途

關於什一的用途，上帝已賜下了特別的指示。祂不希望聖工會因缺乏資源而停頓。為要免去工作上的意外和錯誤，祂已清楚地說明我們在這幾方面的責任。上帝為祂自己所保留的一份，是不可移作祂指定以外的任何用途。但願沒有人會隨意扣留他們的十分之一，用於自己所判斷的用途上，這並不是為他們應急而用，也不是自以為合適就可隨便使用，即使自己認定是上帝的工作也是不能。

傳道人應當以教訓和榜樣，教導人把什一視為聖，他不應該感到自己是傳道人，就可以扣留或按自己的判斷來使用什一。不要以為這是他應得之物，就可隨意用來獻給自己，因為這不是他的，更不應使用他的影響力，來轉移已獻給上帝的什一和捐款的正當用途。這些錢應存入祂的府庫，並用作祂所指定的神聖服務。

上帝期望所有祂的管家，都能嚴格地依從神聖的安排，而不是做一些慈善的行為，或是在人認為合適時，贈送一些捐款或禮物，就可抵銷上帝的計畫。一項不智之舉，就是企圖改良上帝的計畫，以及擅自造出暫用的代替物，只憑一時之行動，或偶爾為之，但上帝的要求絕不是這樣的，祂呼召所有的人，依照祂自己的安排來採取行動。祂早已把計畫啟示出來，所有與祂合作的人都必須實行這計畫，而不是

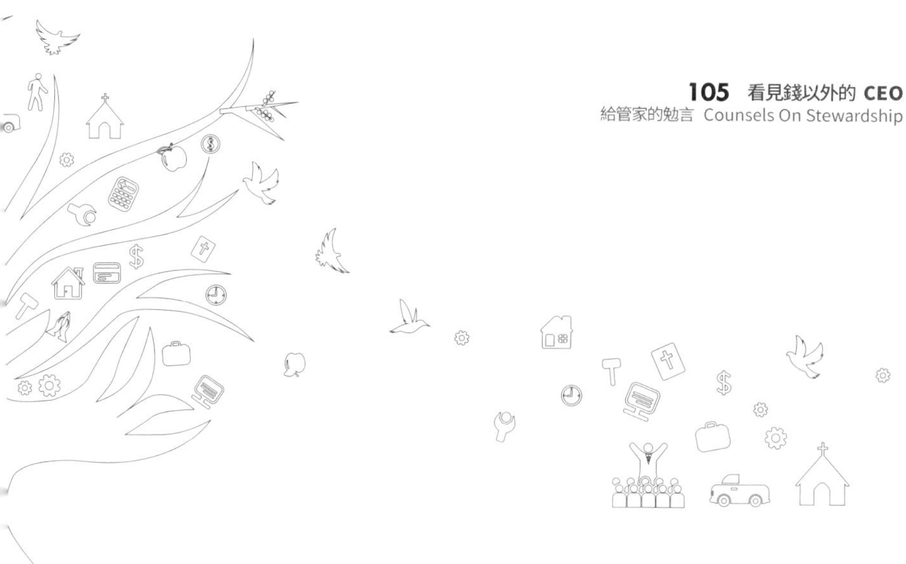

大膽地試圖把它改良。

上帝為了以色列人而吩咐摩西說：「你要吩咐以色列人，把那為點燈搗成的清橄欖油拿來給你，使燈常常點著」（出埃及記 27：20）在昔日，這是一種不斷的奉獻，使上帝的家能獲合宜的供應，來為祂服務。今日，祂的子民也應當記著，敬拜用的房舍就是上帝的產業，應加以細心的照顧；但是為這工作的款項，並不是取自十分之一。

給我們子民的一道簡明而確定的信息已賜給我了，我受囑咐要告訴他們，把什一使用於不同的用途上，乃是錯誤的，雖然從表面看來，這些用途並無不妥之處，但上帝卻沒有說應把什一用在這些事上。凡如此使用十分之一的，就是背棄上帝的安排，將來要受上帝的審判。

其他工作應該維持，但不是靠十分之一

有人議論說，什一可以用在學校上；亦有人議論說，文字佈道士和書報員也應由什一維持，但這是極重大的錯誤，因十分之一已被轉離了所指定的用途——供養傳道人。

十分之一是上帝的，那些擾亂什一的人，若不悔改，必受損失天上財寶的懲罰。但願什一不再被挪移作其他用途，以及遠離上帝原

訂的計畫，而令聖工受限制。其他事工自有別的供應，而不是靠十分之一來維持的。上帝並沒有改變，什一奉獻仍舊是只用於維持傳道的工作上。

包括《聖經》教員

我們的區會需要依賴學校供應曾受教育和良好訓練的工人，所以他們應給予學校全心全力的支持。已有亮光清晰地賜下，那些在我們的學校內傳道的、教授上帝的聖言、講解《聖經》和把上帝的事物教導學生的人，應該由什一維持。這項指示已在多年前賜下，最近更重申了好幾次。

不是賙濟捐

十分之一被分別出來作特殊的用途；它不是賙濟捐，乃是指定用來維持那些把上帝信息傳遍世界之人的生計，並且不應被轉移離開這用途。

不是堂費捐

我蒙指示，用十分之一來支付教堂的雜費乃是錯誤的。在這方面，曾經有許多人偏離了正確的方法。倒不如抑制著自己的放任，穿著較為不昂貴的服裝，實行克己犧牲，這樣，就可解決這些開支了。你若這樣做，便問心無愧。如果伸手進庫房，挪用金錢來支付教堂的經常開支，便是一次又一次地向上帝搶奪了。

CEO
Counsels on Stewardship

22 向傳道人及教會職員施行教育

那些作傳道的人，負有嚴肅的責任，但這些責任卻常離奇地被忽略了。一些人喜歡證道，卻沒有為教會作個人的工。尤其是關於忠心奉獻什一的事，有極大的需要來教導人明白對上帝的義務和責任。我們的傳道人若沒有及時獲得工作的酬勞，便會傷心苦惱，但他們有否考慮到上帝的家必須有糧，才能供養傳道的人們呢？他們若未盡全責去教導人們忠心把上帝之物歸還，那麼，庫房的資金便會短缺，祂的聖工也因而無法推展。

上帝群羊的監督，應當忠實地執行職務。如果他的態度是不喜歡這工作的話，就讓別人去做吧！他不是一個忠心的工人。但願他讀〈瑪拉基書〉，論到扣留什一和搶奪上帝之物，以及上帝責備百姓所說的話。大能的上帝宣告：「咒詛就臨到你們身上。」（瑪拉基書 3：9）一個以言語和教真理傳道的人，眼看人們追隨錯誤的途徑，招致這咒詛臨到他們，還能忽略他的責任，而不去教導和警告他們嗎？每一教友都應受教以忠心地歸還誠實的十分之一。

教導新悔改的人

一位作工的人，不能因不合意，而留下一部分工作置之不理，卻自以為下一位傳道人會為他完成。若遇此情形，當第二位傳道士接替

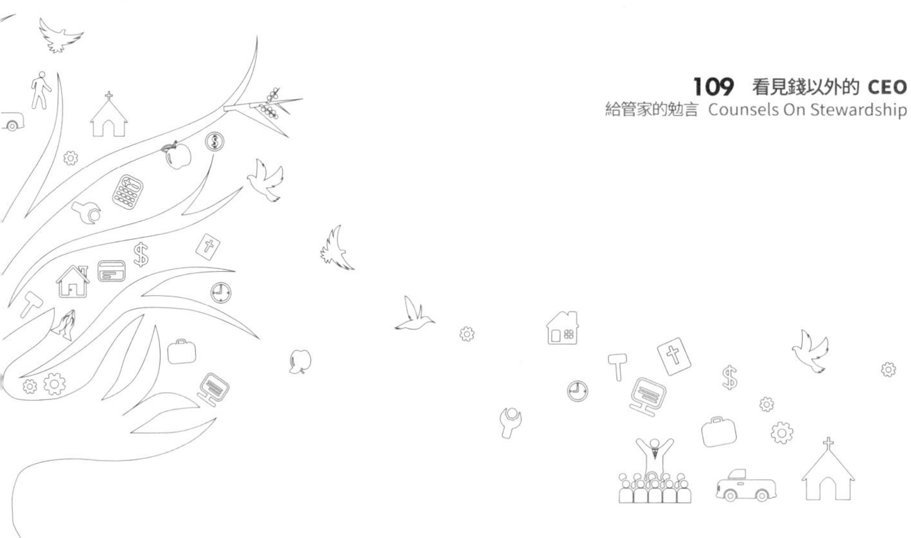

前一個的工作後，提出上帝對祂百姓的要求時，一些人便會退怯說：「那位帶給我們真理的傳道士，並沒有提到這些東西。」他們會因此而覺得受到冒犯，一些人甚至會拒絕接受什一制度而離道，不再與那些相信及愛慕真理的人同行。若談到其他事情，他們便回答說：「我們所聽到的，並不是這樣的。」於是遲疑不決而不肯向前。倘若第一個真理傳信者，老早就把所有重要的事情，忠誠和透徹地教導這些悔改的人，那麼，由他帶領加入教會的人即使會比較少，也是好的。上帝對只有六個徹底悔改歸向真理的人，比六十個只是口頭承認卻沒有真正悔改的人，更為高興。

教導那些由他帶領接受真理的人，把十分之一送進上帝的倉庫，乃是傳道人責任的一部分，這樣做便是承認他們是依賴上帝的。新悔改的人應當獲得完全的亮光，以及明白歸還上帝之物的責任。十分之一的命令是如此簡明，甚至沒有絲毫疏忽和藉口。凡在教導時忽略這一點的人，就沒有作成他工作中最重要的部分。

傳道人也必須給予人們留下深刻的印象，就是在有關上帝的工作上，負起其他的責任，這是很重要的。沒有人可免除慈善工作的義務，人們必須受教，他們要支持和熱心參與聖工的每一部門。廣大的傳道區域正展示在我們面前，所以這題目必須一次又一次地熱烈討論，使之明白，不單是聽道，還要行道，才會獲得永生；並且要教導他們，凡領受基督恩典的人，不但要用他們的財物來推廣真理，還要把自己毫無保留地獻給上帝。

牧師的職責

教會當指派那些獻身與主耶穌的牧師或長老們，並讓這些人看出，職員被揀選是要忠心照顧收集十分之一的工作。如果牧師們顯出不能勝任，沒有向教會指出歸還上帝之物的重要性，又沒有留意在他們以下的職員是否忠心，是否繳納了十分之一，這些人便遭遇危險了。他們所忽略的事情，可能令教會得福，亦可能會招致咒詛。應當解除他們的職責，並讓別人去嘗試及接受考驗。

上帝的信使們應該注意教會中的成員，是否忠心地執行上帝的要求。上帝說，祂的家應該有糧；假使府庫中的錢財受到干預，假使每個人都有權隨心所慾，去使用十分之一，上帝便不能賜福。祂不可以供養那些自以為可隨意使用祂之物的人。

教會職員的責任

教會的長老和職員的責任，是將這件重要事情指導教友，並把各樣事物依次安排。教會職員既身為上帝的同工，就當清楚明瞭這簡明啟示的問題。傳道人本身更應嚴格地完全實行上帝聖言的訓諭，那些在教會負重大責任的人不應有所疏忽，乃要留意教友們是否忠心地履行這項責任。唯願教會的長老和職員們，都跟從聖言之指示，誠懇地勸勉教友們忠心於繳納什一、捐款和兌現誓約。

教導窮人慷慨

接受真理的人，常是來自世上窮乏的人，但他們不應以此為藉口，來逃避那在珍貴亮光中落在他們身上的責任，更不應讓貧窮，妨礙他們把財寶積存於天。富人所能有的福氣，他們也可以得著。貧乏人若能忠心地使用他們所有的小量錢財，他們在天上的財寶就會按其忠誠而加增。他們的奉獻在上天看為珍貴的，乃是在乎動機，而不在乎數量。

☼ ✩ ♡ Counsels on Stewardship ♡ ✩ ☼

各人要照所得的恩賜彼此服事，
作上帝百般恩賜的好管家，
祂必將各樣的恩惠，多多的加給我們。

第四篇

按照各人的能力

23 管家的原則

我們個人有沒有以禱告和謹慎的心情去探求上帝的道，唯恐偏離了祂的訓誨及要求？如果我們扣留了應該歸還上帝之物，無論是大或小，祂都不會喜悅的。倘若我們想花錢以滿足自己的喜愛，就先想一想這筆錢所能成就的善事。讓我們為主把大小數目分別出來，好讓這工作能在新的區域中建立起來。如果我們自私地使用這些急需的錢財，上帝絕不會也不能以讚賞來祝福我們。

我們處理上帝的錢財，就是祂恩賜的管家。最重要的就是每日靠賴著祂豐盛的恩典，使我們強壯起來，足能明白祂的旨意，無論在大小事上都忠心；當我們有這種經驗時，對基督的服務便會變成十分確實。上帝既然如此要求我們，所以，我們在世人和天使面前，應表示感謝祂為我們所作的一切，並以讚美和慈善的行為來反映上帝對我們的恩慈。

全體教友都知道他們蒙賜予的一切，是要用來榮耀上帝的嗎？上帝對世上每一個人都保留一份忠實的記錄。結算的日子要來到，忠心的管家不會歸功於自己，他不會說：「我的銀子，」卻說：「你的一錠銀子已經賺了……」他知道若沒有受託的財物，就不能有所增長，並忠心地執行管家的職責，認為只是盡自己的本分而已。資本是上帝

的，靠著祂的能力，才可以成功地經營。只有祂的名，才配受讚美。他深知若沒有受託的資本，在永恆的事上就早已破產了。

上帝的讚許是令人驚奇和出乎人意料之外的，基督會對他說：「好，你這又良善又忠心的僕人，你在不多的事上忠心，我要把許多事派你管理，可以進來享受你主人的快樂。」（馬太福音 25：22）

上帝如何試驗祂的管家

人是多麼喜愛屬世之物啊！他的注意力全被房屋和地產所吸引，以致忽略了對同胞的責任；連自己的得救問題也都看得無關緊要，甚至忘記了上帝對他的要求。人們拼命地抓著地上的財富，似乎認為可以永遠把它們據為己有。他們以為無論上帝怎樣命令，同胞有何需求，他們總有權隨心所欲地去使用他們的錢財。

他們忘記了所擁有的一切，只不過是託付的性質。他們是上帝恩賜的管家，上帝賜下財物以試驗他們、以顯明他們對聖工的態度和對祂的心意。

他們不單只是暫時經營，也要永遠經營上帝的資產，並且，善用或誤用自己的才幹，將決定他們在未來世界的地位和託付。

一個實際的問題

上帝的所有兒女應該明瞭管家職責的實際意義。經常行善，能把屬靈的生命賜給那些徒具虛名，以及目前身處黑暗而悲哀的信仰真理者，使他們從自私、貪心的瑪門敬拜者，變為在救靈工作上，誠懇而忠信的基督同工。

替代主人

管家要與他的主人融為一體。他既接受管家之職，就必須處於主人的位置，所作所為要與主人一樣。主人的利益變成他的利益。管家的職位是尊貴的，因為主人信任他。如果他在任何一方面的行動，表現出自私，並把經營主人的貨物所得的利益歸給自己，就辜負了主人對他的信任。

自私地使用錢財，就是證明對上帝不忠，而管理這財物的管家也不配承受上天更大的委託。

CEO
Counsels on Stewardship

24 我們的才幹

（譯者按：在英文中，才幹「TALENT」一字亦為一貨幣單位，故經文中的比喻將「銀子」引申為「才幹」。）

若能正確領悟那授銀的比喻，就必遠離上帝稱為拜偶像的貪婪。上帝已把才幹賜給人——創作力、理解力、一顆能坐祂寶座旁的心、慈悲憐憫、能知罪惡的良心等，每個人都從主那裏得著一些東西，各人也當盡本分供給聖工的需要。

上帝期望祂的工人視祂為他們一切擁有的賜予者，並要謹記著他們本身和全部財物都是來自祂——這位奇妙的策士和作工超卓的大能者。醫生慎重地觸摸病人，因他精通神經和肌肉，以及熟悉身體的微妙組織，這都是神聖能力所賜的智慧，專為醫治病人所用。木匠使用鐵錘的技能，鐵匠使鐵砧鳴響的力氣，都是來自上帝。祂把才幹託付給人，並期望他們尋求祂的勸導，這樣便可毫無錯誤地使用祂的恩賜，以證明他們是與上帝同工。

財產也是一項才幹，主給祂百姓的信息：「你們要變賣所有的，賙濟人。」（**路加福音 12：33**）我們一切所有都屬於上帝，這是毫無疑問的。祂呼召我們去擔負祂聖工的一部分重責，使祂的工作能興盛。每一位基督徒都當盡本分作忠心的管家。上帝的方法是正確和明智的，

我們要一點一滴地去經營，把樂意的捐款歸給祂，來支持聖工，帶領生命歸向基督。無論數目大小，都應流入上帝的倉庫。

說話的能力也是才幹。在給予人的一切恩賜中，沒有一樣比口才更為重要。要用它來宣講上帝的智慧和奇妙的慈愛，這樣，就可把祂的寶貴恩典和有關的知識傳開。

存在於一個人內心的救主，可藉他的言語表達出來，然而，一個人在別人不同意他的意見和計畫時，便抱怨和發怒，聖靈就不會居住在他的心中。這樣的人常出口傷人，使聖靈憂傷離去；他所培植的，是撒但的劣質品格，而不是神聖的品性。上帝期望那些參與祂聖工的人，要常以基督的溫柔來說話。若被人激怒，也當容忍，表現出基督在世時所留下的溫柔榜樣。

氣力是一項才幹，應當用來榮耀上帝。我們的身體屬於祂，因祂已付出了救贖的代價。我們在精力充沛的時候，比在臥病之時更能事奉上帝，故應與上帝合作，好好照顧自己的身體。愛上帝，對生命與健康甚為重要；對祂的信靠也是不能缺少的。為要保持完全的健康，我們的心必須在主內充滿仁愛、希望和喜樂。

影響力是一項才幹。當上帝神聖的火焰在我們心中燃起的時候，便是一股行善的力量。聖潔生活的影響，可以在家中或外面感覺得到的。一個人在生活中所給人的印象，如實際的善行、克己和犧牲，對那些與他交往的人都有長久的影響。

根據領受者的能力

在上帝計畫中，才幹（銀子）的分配是各有不同的，一人蒙賜予一千銀子，另一個五千銀子，還有一個得一萬銀子。這些銀子不是隨隨便便地給予的，乃是根據領受者的能力。

到將來要按著所賜下的銀子來償還；具有最大能力的管家，所負的責任是最重大的。一個人若有十鎊，就當負起責任，正確地使用這十鎊；若只有十辨士，就只為這數目而負責。

忠心使用天資，能贏取主的讚揚。我們若期望被稱為又良善又忠心的僕人，就必須為主從事認真和獻身的工作，祂將會酬謝這股勤而忠誠的服務。人若信賴祂，並且注意祂的憐憫和義行，並謙卑地來到祂面前，祂便會與他們合作，使他們的才幹增多。

「你們去作生意，直等我回來」

上帝把祂的貨財留給我們，以便在祂不在的時候代為管理。每一位管家在推進上帝國度的事上，都有指定的工作，沒有誰可以免除，上帝囑咐我們說：「你們去作生意，直等我回來。」祂用祂的智慧，把使用祂恩賜的指示賜給我們。口才、記憶力、影響力和財產，都要增添上帝的榮耀，以及推進祂的國度。正確地使用祂的恩賜，可得祂賜福。

我們自稱是基督徒，正在等候主駕雲復臨，那麼，應該如何處理我們的時間、理解力和所有的東西呢？這些都不是我們的，卻是託付給我們，以試驗我們的忠心。讓我們把它們獻給耶穌，讓我們使用我們的錢財來擴展祂的聖工。我們如此做，就是服從這訓諭：「不要為自己積攢財寶在地上，地上有蟲子咬，能銹壞，也有賊挖窟窿來偷；只要積攢財寶在天上，天上沒有蟲子咬，不能銹壞，也沒有賊挖窟窿來偷。因為你的財寶在哪裏，你的心也在那裏。」（**馬太福音** 6：19－21）

給各人工作

有人以為銀子僅賜予特別受恩寵的一群，其他的人便被排斥，不論辛勞或賞賜都沒有他們的份。但這比喻卻不是這樣陳述，當那主人召集他的僕人時，就把工作分配給每一個人。在使用主之貨財的責任上，上帝的整個家庭都被包括在內。

在某一程度上而言，所有的人都是奉派照管上帝的銀子。靈、智、體三方面的能力，還有影響力、身分地位、財富、情感和同情心，這一切都是珍貴的銀子，應當為主的聖工，用於拯救基督為之代死的生命上。

銀子為何賜下

上帝的子民當明白一件事實，上帝賜他們銀子，並非為了使他們在世俗的事物上富足，乃是要儲存作好根基，以應付將來的需要，就是為了永生。

25 領受一千銀子的責任

有一些蒙賜一千銀子的人，因所得的數目不及其他領受更多銀子的人，就託辭逃避。他們像那不忠心的管家一樣，將一千銀子埋在地裏，又怕把上帝所賜之物歸還。他們做屬世的投資，忽略上帝的聖工。卻期望那些有大量銀子的人，去擔負重荷的工作，自己則不必為它的成功和進展負責。

許多自稱愛慕真理的人就是這樣做。他們欺騙自己，因魔鬼早已把他們的眼睛弄瞎了。他們向上帝搶奪，反而令自己遭劫。由於他們的貪心和不信的惡念，而喪失了天上的財寶。

他們因只有一千銀子，就不敢接受上帝的委託，竟然把它埋藏在地裏，並以為這樣做就可免除責任。這些人愛見到真理興旺，但卻不認為自己也是蒙召作克己犧牲，雖然他們並非擁有大筆的款項，但也該藉個人的努力和金錢來支助聖工。

各人均受託銀子（才幹）

所有的人，不論貧富貴賤，都會蒙主託付銀子（才幹），一些較多，另一些則較少，這是按各人不同的能力而分配的。上帝的福氣會與那些誠懇、仁慈和勤勞的工作者同在，他們的投資必然成功，並且能帶領其他生命進入上帝的國，自己也得不朽壞的財寶。所有的人都是知

善惡的，並且都是蒙委託天上的貨財。銀子的數量是根據個別的才能，照比例而分配的。

上帝把工作分給每一個人，祂期望他們能按照自己不同的受託，而把相當的歸還給祂。祂不會向那領有一千銀子的，作出領一萬銀子的要求；祂不會要求貧窮的人像富有人那樣施行賙濟；也不會向軟弱及患病的人，要求健康人的活動和能力。那一千銀子，若能予以最佳的使用，上帝會悅納，「乃是照他所有的，並不是照他所無的。」（哥林多後書 8：12）

上帝稱我們為僕人，這是暗示我們是受祂聘請，來作一指定的工作，並要負責任。祂把資本借給我們去發展，這不是我們的財產，若將之囤積起來，或隨意使用我們的主之財物，就會令祂不悅。對於使用或誤用了上帝借給我們的東西，是要負責任的。若讓上帝放在我們手中的資本，絲毫不動或埋在地裏，那麼，即使僅是一千銀子，也要向主交賬。祂所要求的，原不是屬於我們的，乃是祂自己的，並要連本帶利。

凡是歸還給主的銀子，都要經過詳細的審查。上帝僕人的行為和受委託，並不是一件小事。每一個人都要個別地受審問，供述他是善用或是誤用託付予他的銀子。所賜的獎賞是與善用的銀子成比例，所得之刑罰則是根據那些被誤用的銀子。

受託銀子應予使用

不應有誰埋怨，說他們的銀子（才幹）不夠多。若使用他們蒙賜的銀子來榮耀上帝，就必可獲增長。現在沒有時間來悲嘆我們人生的景況了，以為沒有別人的才幹和地位，就以此為藉口，而不求改進，反而說：「啊！假若我有他的恩賜和才能，就可為我主作大資本的投資。」其實，這樣的人若能明智而合理地運用他們的一千銀子，這就是主對他們的一切要求。

我希望每一教會都能盡力去喚醒那些不作工的人，願上帝使他們明白，祂將會要求他們發展那一千銀子;他們若忽略去賺取別的銀子，那麼，他們就要失去原有的一千銀子和他們的靈命。我們希望看到教會有所改變，「主人」就要回來了，召集祂的管家們，交代祂所託付的銀子。屆時，願上帝憐憫那些不作工的人！那些聽見稱讚說「好，你這又良善又忠心的僕人」的人，就是為了榮耀上帝而增進他們的才幹和錢財的人。

沒有增長的才幹

一些人沒有大筆的財富，因此，以為只要根據他們所有的奉獻，上帝便不會有進一步的要求了。他們除了應付家庭的必需之外，再沒有其他多餘的錢。但是在這一類的人當中，有許多可以自問：「我是否正按著自己所能有的來奉獻呢？」上帝本是計畫他們的身體和心智的能力，都應予以運用。有些人尚未盡最大的能力，去發展上帝所給他們的才幹。人要勞碌作工，這是與那咒詛有關，也是犯罪的結果。使人的身體、心思、及道德健全的有益操勞乃是必需的。「殷勤不可懶惰，」（羅馬書 12：11）這就是使徒保羅受聖靈感動，所發出的訓諭。

不論貧或富，沒有人過著怠惰的生活而能榮耀上帝。許多窮人所擁有的資本，就是體力和時間；但卻往往浪費於閒懶和安逸的宴樂中，以致在什一和捐款上，無物可獻。如果基督徒缺少智慧，不知完全善用其勞力，使其體力及智力有適當的效用，就應柔和謙卑地向眾弟兄尋求勸勉與建議，以弟兄們較佳的判斷來彌補不足。許多窮人，現正滿足於為同胞的利益而無所事事，也不推展聖工，但只要他們願意，就能作出許多貢獻。他們要為上帝所賜予的體力資本負責，正如富有之人為金錢的資本而負責一樣。

為體力負責

我看見那些沒有財產卻有體力的人，要為他們的體力向上帝負責。他們應該殷勤作工，心裏火熱，不應只讓那些擁有財物的人去作全部的奉獻。我看到他們也能奉獻，而且他們有責任這樣做，正如那些有財產的人一樣；但那些一無所有的人，往往沒有體會到他們也能在許多方面克己犧牲，少為肉身花費去滿足口腹之慾，就會為聖工找到許多錢財，因而有財富積存於天上。

凡是體力充沛的人，應使用他們的體力去為上帝服務。要用手作工，賺取金錢來維持聖工；凡有工作的，就當忠心去做，並要把握機會，去幫助那些沒有勞動力的人。

怠惰應予制止

上帝的聖言教導我們說，人若不做工，就不要吃飯。上帝沒有要求勤勞的人，去供養那些懶惰的人。若浪費時間，不願勞力，就會帶來貧窮和欠缺。如果在這些錯誤中放縱，而不予以改正，這樣，人為自己所能作的一切，就如同把財寶放進有漏洞的籃子裏。然而，有些貧窮卻是無法避免的，我們對這些不幸的人應表示溫柔與同情。

CEO
Counsels on Stewardship

26 奪取當為上帝的事奉

有些列為守安息日的人，正在抓著他們屬世的財富。這是他們的神和偶像，他們愛自己的金錢、農場、牛羊和貨物，過於愛那位為他們變成貧窮的救主，這樣他們反因祂的貧窮而變為富足。他們重視屬世的財富，比人的靈命更有價值。這樣的人，會對他們說「好，你這又良善又忠心的僕人」嗎？不！絕對不會！那不能撤回的最後判決「離開我去吧！」的話會使他們震驚。基督不會使用這些怠惰的僕人，他們把上帝所賜的錢財貯藏起來，但他們的同胞卻在黑暗和錯謬中滅亡了。

我的心為了這一點感到十分沉重，那些有錢的人是否會一直沉睡下去以致太遲呢？直到上帝把他們和他們的財富拒絕，說：「你們這些富足人哪！應當哭泣、號啕，因為將有苦難臨到你們的身上。你們的財物壞了，衣服也被蟲子咬了；你們的金銀都長了銹，那銹要證明你們的不是。」（**雅各書** 5：1－3）到了上帝的大日，一切都要顯露出來，那些被囤積的錢財和被詐騙的工資，要向它們的擁有者大聲呼號，就是那些自稱良好基督徒，並自命為守上帝誡命之人，但他們卻喜愛財利過於基督寶血所贖買的生命。

現在是各人應作工的時候了，……在上帝的大日，有許多人將

如何回答祂的質詢，祂說：「我已獻上我的財富、尊榮和指揮權，並用生命拯救你脫離毀滅，但你為我做了什麼呢？」到那日，一事無成者將會無言以對，他們會看到自己疏忽的罪。他們在一生中奪取了對上帝的服務，沒有發出良好的影響力，沒有帶領任何一個生命歸向耶穌，不為他們的主做工，他們反覺滿意，但這樣做其結果得不著報償，反而招致永恆的損失。他們雖自稱為基督的信徒，卻與惡人一同滅亡。

自認基督徒之人的大罪

每一個人，無論他從事何種行業或職務，都應把上帝的聖工列為首要的興趣，不單要運用他的才幹來推展上帝的國度，並要不斷地為這目的而培植他的才能。許多時候，一個人要花費數月或幾年的光陰，為要獲取一種謀生技能，好成為世上成功的工人，然而他卻沒有作出特別的努力，去發展那些能使他在上帝葡萄園作成功工人的才幹。他已妄用了他的能力，又誤用了他的才幹。他已向天上的主表示輕蔑，這便是那些自稱為上帝子民的大罪。他們事奉自己，以及事奉世界。他們雖能獲得精明及成功理財者的名譽，但卻忽略了藉著運用來增進上帝給他們用以為祂服務的才幹。屬世的機智因運用而愈來愈堅強，但在屬靈方面卻因欠缺運用而愈來愈軟弱了。

疏忽之罪

那些因缺乏運用才幹以致不靈活的人，若願尋求聖靈的援助而去工作，便會看到有更大的成就。緊急的呼籲能感動人心，他們會作出回應：「我們雖是軟弱無知，也要盡力而為，向那偉大的教師尋求智慧。」既置身於這敞開的行善之門，聽聞這些淒慘的求助呼籲，世上的男男女女仍能袖手旁觀嗎？或只是自私地使用雙手來尋找屬世的東西嗎？

「你們是世上的光，」（馬太福音 5：14）這是耶穌對門徒所說的話，然而，體會到自己的能力和影響，認識自己可藉幫助而能福惠他人的人，卻是多麼的少呢？他們用布把銀子（才幹）包起來，又埋藏在地裏，並推說自己有過人的謙卑，藉此自慰；但天上的冊子要指控這些閒懶的人，他們因忽略了上帝所賜給他們的工作，就嚴重地違背了上帝，而被列為怠惰的惡僕。當天上的記錄展開，顯示出他們顯著的疏忽時，他們便無從答辯了。

委託與我們的，無論是何等的才幹，也須用它來事奉上帝，不要事奉瑪門（金錢）。

凡把銀子（才幹）埋藏在地裏的人，就是放棄戴那鑲嵌明星冠冕的機會。除非到了最後審判的清算大日，真不知有多少的男男女女曾經這樣做，也永不會知道，因上帝所賜的才幹被埋在世俗的事務裏，而不是用來為那位賜予者服務，致使多少生靈在黑暗中滅亡。

人……可能有興趣於盛產金銀的礦坑，他們用一生的時間來獲取屬世的財富，但是，在死之時，一切都要留下，死後無法帶走一塊錢而令他們致富，這些人是有智慧嗎？讓珍貴的恩典時期白白過去，而不為來生作準備，這豈不是愚蠢嗎？明智的人將會貯藏「用不盡的財寶在天上，」——「為自己積成美好的根基，預備將來，叫他們持定那真正的生命。」我們若要獲至永久的財富，現今便要開始把財寶轉移至另一邊，因為，我們的心在哪裏，我們的財寶也在那裏。

27 面對審判之日

上帝沒有勉強任何人愛祂及服從祂的律法。祂已在救贖計畫中，向人彰顯了無法言諭的愛。祂已把祂智慧的財富傾注出來，又賜下天庭最珍貴的禮物來激勵我們去愛祂，去順從祂的旨意。我們若拒絕這樣的愛，不讓祂來管理我們，就是自取滅亡，最後是蒙受永恆的損失。

上帝願我們甘心樂意的服務，祂賦與我們思考的能力、才幹與技能，以及為人類的好處而使用的金錢和感化力，使我們在世人面前彰顯祂的精神。珍貴的機會和特權是我們可以獲得的，若把它們忽略，便是向別人搶奪，也是欺騙自己及侮辱上帝。在審判的大日，我們要面對這些被輕視的機會和被忽略的權利。我們將來永恆的利害關係，是在乎目前如何殷勤地履行我們的責任，在救靈工作上發展上帝託付的才幹。

地位和影響力不論多麼的高，也不該作為誤用上帝資產的藉口。上帝特別的愛護，應該激勵我們對祂作全心全意和親切的服事；但許多蒙這樣賜福的人，卻忘記他們的賜予者，因此變成魯莽、違抗命令和浪費。他們侮慢天上的上帝，又使用影響力來咒詛及毀滅他們的同伴。他們沒有試圖減輕窮乏者的痛苦，也沒有加強上帝的聖

工，不會嘗試為無辜者伸冤或為孤兒寡婦請命，沒有在高低貴賤的人之前，顯示其崇高品格的樣式，以及表露仁慈美德的精神。相反的，他們虐待雇工，以欺詐的手段來扣押工資，向無知的人行騙，又向寡婦搶奪；他們堆積起來的金錢，都是染滿血腥的。這些人必定要在上帝的審判台前交賬。他們既沒有遵行天父的旨意，必會聽見這嚴厲的命令：「你們這些作惡的人，離開我去吧。」

驚人的顯露

在審判之日，將有何等的顯露！許多曾自稱為基督徒的人，會被發現不是上帝的僕人，只是他們自己的僕人而已。自我已成了他們的中心，一生的工作便是為了自己。他們既然為取悅自己而活，並儘量為自身賺取利益，於是便損害及阻礙了上帝託付給他們的才幹和能力。他們對上帝不誠實，人生成了一連串的搶奪。

這些人因得不著他們認為當得的認可和利益時，就埋怨上帝及同胞。但在將來上帝審判所有案情之時，他們的不忠便會顯露出來，祂將要施行報應，「將善人和惡人，事奉上帝和不事奉上帝的，分別出來。」（**瑪拉基書** 3：18）

到了那日，那些以為上帝會接受微薄的捐款和勉強的服務之人，將要失望。任何人的工作，不論貧富貴賤，若不是出於真心、忠誠和彰顯上帝的榮耀，祂也不會把名號寫在這些工作者之上。唯獨那些屬於上帝地上大家庭的人，努力去尊榮祂的名，並獲得使之在上帝面前，成為君王和祭司的經驗，他們才會被承認為忠心的僕人，有話對他們說：「好，你這又良善又忠心的僕人……可以進來享受你主人的快樂。」

不是聲稱，乃是實行

一切的案件在上帝面前被查閱之時，永不會問：「他們曾說過什麼嗎？」乃問：「他們做了什麼嗎？他們有否行道？是否只為自己而活？或是從事慈善工作，以仁慈和愛心行事，關懷別人而捨己，造福他人？」

倘若記錄顯示他們的生活是這樣，他們的品格是以仁慈、克己、以及慈悲為特徵，就會得著基督有福的保證和祝福：「好，……你們這蒙我父賜福的，可來承受那創世以來為你們所預備的國。」

基督已因我們顯著的自私的愛，以及對別人的憂患和需要的漠不關心，而蒙受損傷和難過。

對忠心管家的應許

在水邊撒種的意義甚為重要，它是指不斷地分贈禮物和捐款。上帝會把託付的金錢供給忠心的管家，使他凡事充足，能行各樣的善事，「如經上所記：『祂施捨錢財，賙濟貧窮；祂的仁義存到永遠。』那賜種給撒種的，賜糧給人吃的，必多多加給你們種地的種子，又增添你們仁義的果子。」（**哥林多後書** 9：9－10）凡以慷慨豐滿的手撒種的，那種子是由上帝負責照顧。那賜種給撒種的，也給予祂工人力量，使他能與那賜種者合作。

各人要照所得的恩賜彼此服事，
作上帝百般恩賜的好管家，
祂必將各樣的恩惠，多多的加給我們。

第五篇

財富的管家

28 財富是受託的才幹

基督的信徒們不是要輕視財富，乃當將它視為上帝所託付的才幹。他們若明智地使用祂的恩賜，就可獲永恆的利益，但要記著一件事；上帝賜給我們財富，並不是隨自己的喜愛而花費、放縱情慾、隨意使用或扣留。我們不應自私地使用錢財，專供個人的享受。這樣的行為，無論是對上帝或對同胞，都是錯誤的。最後個人終會招致困惑與苦惱。

世人都偏愛錢財，看它們比安貧樂道更有價值，富人使用他們受託財富的態度，就是發展他們的品格；他們正在顯示，把永恆的財富託付他們是否安全。窮人和富人都在決定他們自己的永恆命運，並證實是否適合在亮光中繼承聖徒的一切。那些在今生把錢財使用於自私用途上的人，是在顯露他們品格的性質：如果他們擁有更大的利益，以及具有上帝國中不朽的財寶時，他們在天上也會照樣做。在地上被運用的自私原則，不是天上盛行的原則。所有的人在天上都是平等的。

金錢為何被稱為不義的錢財呢？因為撒但常利用世間的財寶進行欺騙、設置陷阱迷惑人、以及造成他們的毀滅。上帝已賜下指示，教導他們應如何使用祂的貨財，去濟助受苦楚的人、推展祂的聖工、建立祂在地上的國度、差派傳道士到更遙遠的區域去、把有關基督的知

識撒播到全世界。上帝所委託的錢財，若不是這樣應用，祂豈不會為了這些事情而進行審問嗎？生靈被撇下在他們的罪中滅亡，但自稱為基督徒的教友們，卻使用上帝神聖委託的財物來滿足不聖潔的慾望，並自我放縱。

錢財如何被浪費

上帝所委託資本的一大部分，竟消耗於購買香煙、啤酒和烈酒中！上帝早已禁止這一切的放縱，因它們能摧毀人體的結構。由於他們的放任，健康被犧牲了，生命本身也因此獻給撒但。被濫用的慾望，使腦削弱，以致無法敏銳和清晰地思考，卻想出各種的計謀，使之能在世俗的短暫事物上獲得成功，但在信仰的事情上，卻甚少發展他們的智力，來榮耀上帝。他們無法把神聖和永恆的事物，從世俗和短暫的事物中分別出來。

撒但想出許多的詭計，來浪費上帝所賜的金錢，如玩紙牌、博彩、賽馬和看秀場表演等，全都是他發明的，並且引領人醉心於這些娛樂，似乎這樣做就可以為自己贏取永生珍貴的恩寵。人們準備了大筆的金錢，繼續參與這些被禁止的娛樂，於是，上帝所賜的能力，也就是曾被祂愛子寶血所贖買的能力，被侵蝕潰爛了。上帝所賜與人的體力、道德和智力，完全是屬於基督的，現今卻熱烈地用來事奉撒但，使人轉離公義和聖潔。

各樣能轉變人的高貴和純潔思想的事物，都被發明出來了，而且幾乎到了極限；這地球上居民的腐敗，將要像洪水之前的世間居民一樣。

如同挪亞的日子

我們若回顧洪水之前的日子，然後再留意今日社會的習慣和作為，就會發現這地球是在催促末世的災難早日降臨。人們犯罪的行徑，令地球變成敗壞；撒但正在拿人類的靈命，來玩生命的遊戲。那些遵行基督真道的人，發現他們必須經常儆醒禱告，才不至被誘進試探中。

許多人似乎沒有察覺一項事實，就是他們花費於不必要的娛樂上、奠下腐敗道德基礎的錢財，都是屬乎上帝的。那些使用金錢來滿足私慾的人，就是使那一切公義之敵撒但得著榮耀，並討他的喜悅。他們若把心轉向上帝，就會用他們的錢去福惠他人，提拔同胞、解救貧窮和受苦者。在我們的世界裏，有人餓死、缺衣缺食、患病和死亡，但是只有甚少的人願意停止他們在罪惡中的奢侈！撒但正盡他的所能；發明各樣的東西，為要使人徹底忙碌，使之無暇思考這問題：「我的靈命又怎樣？」

基督對人類大家庭之關懷

我們一切地上財富的擁有者，以人的樣式來到我們的世界。道成肉身，住在我們中間。我們無法明白，祂是多麼深切地關懷人類的大家庭。祂深知每一生靈的價值。倘若祂看見所贖買的人被撒但的發明物所迷惑，祂是多麼憂傷啊！

撒但玩弄人的靈命的把戲，所獲得唯一的滿足，就是要傷基督的心。祂本來富足，卻因我們的緣故成了貧窮，叫我們因祂的貧窮，可以成為富足。事實雖然如此，世上的大部分人，仍容許地上的財富凌駕於屬天的事物之上。他們思念地上的事，因而離開上帝。人仍然沒有從罪惡中醒悟過來，這是多麼可悲的罪啊！並且不知道過分思念地上的事，以致把上帝的愛從心中逐出，是何等的愚蠢。當上帝的愛被驅逐之後，世俗的愛便迅速進入，填補那空缺，唯獨上帝才能潔淨我們身體殿中道德的污穢。

耶穌為著世人的生命，獻上了自己的生命，於是便把無限的價值置於人之上，並期望人尊重自己，顧慮將來的福利。若能保持眼睛明亮，全身就光明；屬靈的眼光若然清晰，自會看出隱藏事物的真正價值，也會看到那永恆的世界所帶給這世界更大的喜樂。

基督徒將會充滿喜樂，這喜樂是與做上帝管家的忠心程度成比例；基督渴望要救亞當的每一個兒女，祂揚聲警告，為要打破那把生靈捆縛在罪惡中的魔力，懇求人不要受誘惑，並把更高貴的世界呈現於他們面前，說：「不要為自己積攢財寶在地上。」

狡猾的試探

基督目睹那危險，也了解那仇敵的試探和能力，因祂也曾遭遇撒但的試探。祂獻上自己的生命，為要給與亞當的子孫們一段恩典的時期；由於亞當違命與犯罪的結果，上帝就使更大的亮光照射在他們身上，邀請他們到祂那裏，獲得心靈的安息。那亮光愈大，危險的訊號愈是顯著，而那些由光明轉向黑暗之人的罪，就會更大了。基督之道的涵義，實在太重要了，是不容忽略的。

人似乎是瘋狂地取得屬世的財富，應用各式各樣的欺詐行為來積聚錢財。人們對生意的業務十分熱心，以為在這方面成功，就可獲得天國的保證，於是，把上帝所委託的資本，凍結於屬世的財物中，而沒有把金錢用來解救那些在世間受到精神上和肉體上痛苦的人，藉以推展上帝的國度。許多自稱基督徒的人，卻沒有留意基督的命令，祂說：「只要積攢財寶在天上，天上沒有蟲子咬，不能銹壞，也沒有賊挖窟窿來偷。因為你的財寶在哪裡，你的心也在那裡。」

上帝並不強迫人行公義、好憐憫、存謙卑的心、與祂同行。祂把善與惡擺在人的面前，清楚說明了跟從善或惡的當然結果。基督邀請我們說：「跟從我。」但我們從未被迫要跟從祂的腳蹤，倘若我們是跟隨祂的腳步，這就是慎重選擇的結果。當我們看見基督的品格與生平，就會產生強烈的願望，要在品格上與祂相似，並務要認識耶和華，竭力追求認識祂，祂出現確如晨光。於是我們便會開始了解到「義人的路，好像黎明的光，愈照愈明，直到日午。」（箴言 4：18）

獲得財富並不是罪

《聖經》並沒有因人的富有，便定財主有罪，也沒有宣布獲得財富就是罪，或者說金錢是萬惡之根；相反的，《聖經》卻說，得貨財的力量是上帝給的。這力量若奉獻給上帝，為推廣祂的聖工而使用，便是一項珍貴的才幹。《聖經》沒有把天才或技巧定為有罪，因這些都是出自上帝所賜的智慧。我們即使穿著粗衣麻布，或除去家中一切的安逸、愛好、方便的東西，也是不能使我們的心變得更純潔或更聖化的。

《聖經》教導說，唯有錢財與那不朽的財寶發生競爭的時候，這才是危險的。當屬世和短暫的事物，佔有了上帝所要求的忠誠、感情和思想之時，才會變成一個網羅。那些人以永恆的榮耀，來換取地上金屬閃爍的微光，並以永久的家鄉，來交換他們頂多只能居住幾年的房子時，就是作了不智的選擇，如同以掃為了一碗紅豆湯，就出賣了長子的名分；也像巴蘭為了米甸王的賞賜，就失去了上帝的恩寵；亦像猶大為了三十塊銀子，而把榮耀的主出賣一樣。

上帝的聖言把貪愛錢財指摘為萬惡之根。錢財本身是上帝給人的恩賜，要忠心地用來為祂服務。上帝賜福亞伯拉罕，使他在牛羊和金銀方面富足；《聖經》也有記載到上帝把大量財富和尊榮賜給大衛、所羅門、約沙法、希西家，作為神聖恩寵的證明。

正如上帝的其他恩賜一樣，擁有錢財會帶來增添的責任，也會帶來特殊的試探。有多少在逆境中仍忠於上帝的人，後來卻在興盛的誘惑中跌倒了。擁有財富，就會顯出自私本性的主要情緒來。今日的世界，正因敬拜瑪門之人的貪婪和自我放縱，而遭受咒詛。

需要處理經濟方面的才幹

應以溫柔和友善的關懷，去尋找社會階層中較為高貴的人，因這一階級過分被忽略了。上帝的旨意是要那些祂所託付許多銀子（才幹）的人，以與過去不同的方式聽聞真理。無論是做生意的、被授予重托的人，具有豐富的發明才能和有科學見識的，以及有天賦的人，是應該處於最先聽聞福音呼召的人當中。

世上有些人，蒙上帝賜予組織的能力，這正是推廣末世工作上所需要的人才。並不是所有的人都是傳道人；但我們需要能管理實業機構的人，需要在區會裏作領導者或教育家的人。上帝需要有眼光的人，他們看出當作之事，又能作忠心的理財者，且能在現有的危機或面對將來的風險中，仍然像磐石般屹立，忠於原則。

CEO
Counsels on Stewardship

29 致富之道

有一些人，甚至是信徒，因得財及使用的方式而受到上帝聖言的譴責，他們以為擁有這些財物，並能創造它們，就竟完全不顧及上帝的榮耀，也沒有懇切祈求指導他們得財物及使用財物的方法，他們是緊捉著一條蛇不放，最終被牠所毒咬。

論到上帝的子民，祂說：「他的貨財和利息，要歸耶和華為聖，必不積攢存留。」但有許多自稱信奉真理的人，竟在他們的思想中不要上帝，比洪水之前或所多瑪的人好不了多少。只要一想到上帝，或被聖靈喚醒之後，他們一切的計謀便會遭受破壞。自我、自我、自我，已成了他們自己的神、他們的「阿拉法」和「俄梅戛」。

基督徒依照上帝的指示去獲取金錢，並且使用在祂能賜福的途徑上，這才是安全的。上帝准許我們使用祂的貨財，專求祂的榮耀，使自己得福，以便能造福他人。那些接受了世界的言論，摒棄上帝的指導的人，他們抓住一切所得的工資或財物，他們才是真正可憐和貧窮的，因上帝對他們不悅。這些人偏行己路，侮辱上帝和祂的真理、善良、憐憫和品格。

現在是試驗的時期，我們都要接受考驗和審判。撒但正在進行他迷惑人的魔法和賄賂，使一些人以為藉著自己的計謀，而做了成功的

投機；但是，看哪！正當他們自以為平步青雲，在自私中升官發財的時候，就知道上帝的分散較比他們收聚的更快。

業務上的正直

我們對同胞若有稍微的不誠實，或施行明目張膽的詐騙，對上帝也是如此。人若在不誠實中固執不改，所實行原則終必使他們欺騙自己，並失去天國，得不著永生。他們為了屬世的一些微小利益，就會把信用和信仰犧牲掉；在我們當中也有這樣的人，他們必須知道，何謂「若不重生就不能見上帝的國」。在我們人生的每一行動中，都要有誠實的表徵，天使們在審查那放在我們手上的工作時，若發現離開真理的原則，在記錄上便會寫上「虧欠」。

耶穌說：「不要為自己積攢財寶在地上，地上有蟲咬，能銹壞，也有賊挖窟窿來偷。」財寶就是那些令人全神貫注，佔有一切的注意力，把上帝和真理摒棄的東西。

貪財會激起人獲得屬世財寶的慾念，這乃是昔日猶太人的主要情緒。崇高和永生的思念，會被壓制於所緊握的屬世財富影響之下；追求名利，會篡奪上帝和信仰在心靈中所占的地位。對財富的貪念具有魔力般的影響，能使人被蠱惑，結果使高貴的質素變成惡劣，且能敗壞人性，直至沉淪於滅亡中。我們的救主，反對我們在地上積聚錢財，並發出了堅定的警告。

種類繁多的商業，各式各樣的職業，都在上帝之監察下。每一基督徒都會蒙賜予能力，可為主的聖工做一些事情。無論是參與市場上的生意，抑或在貨倉裏，或是在帳房內，都要向上帝負責，要明智而誠實地使用他們的才幹。他們要在上帝之前，對他們的工作負責，如同那些在聖言和真理上勞力的傳道人一樣。人若沒有依照上帝聖言的許可來獲得財產，就要犧牲誠實的原則。過分追求財利的慾望。甚至會使自稱基督徒的人，去效學世人的習慣，在生意上詭計多端，欺壓孤兒寡婦，屈枉寄居的，受世人影響而羞辱了他們的信仰。

每宗交易上的才智與敦厚

歸耶和華為聖，就是救主在世上時的偉大生活特徵，祂的旨意乃是要以此作為跟隨祂之人的生活特色。因此，祂為了每位工人的利益和影響，而要祂的工人們無私和忠心地勞力，在一切的工作和生意往來方面，都要以才智與敦厚為特色。基督是世上的光，在祂的工作上絕無黑暗的角落，去進行不誠實的事。不義的行為乃是上帝最不喜悅的。

抗拒試探

上帝是十分認真的，凡聲稱事奉祂的人，都要顯出卓越的公義原則。對基督的真信徒來說，每宗商業的交易，都會被視為信仰的一部分，就如同禱告是他們信仰的一部分一樣。

撒但正在把今世的國度，贈送給每一位生命，作為執行他旨意的報償。這就是他從前在曠野試探基督時，所提出的誘惑，同時他也對許多跟從基督的人說：「你們若依我做生意的方法，我會把財富賞賜給你們。」每一位基督徒，有時都會遭遇到這考驗，而露出了品格的弱點。假如試探被抗拒，就可獲得珍貴的勝利。他必須選擇事奉基督，或跟從那欺騙者，並崇拜他。

天上總賬的記錄

世人的習俗絕不能作為基督徒的標準，也不可效法世人刻薄、欺詐和勒索的行為。一切對同胞的不正當行為，就是違犯了那金科玉律；每一件得罪上帝兒女的行為，也就是得罪了那與祂聖徒成為一體的基督；每一項利用他人的無知、軟弱或不幸的圖謀，都以欺詐的罪名被記錄在天上的總賬中。一個真正敬畏上帝的人，寧可晝夜辛勞、食不果腹，也不願放縱貪得私慾，去欺壓孤兒寡婦，或屈枉寄居的人。

對正義有絲毫的偏離，就足以撤毀屏障，使心靈準備行更大的不義。一個人損人利己到什麼程度，他的心靈也必麻木而不受上帝之靈的感動到什麼程度。付出這種代價而換來的利益，實在是一種可怕的損失！

犧牲了原則

我們常見到一些居顯要被授重托的人，他們身為基督的信徒，卻把信仰毀滅了。當試探來到的時候，為要爭取所貪得的屬世財寶，就把原則和信仰上的利益犧牲了，因而正中撒但的引誘。基督已經得勝，人也可以得勝；但他卻置身這世界之神撒但的領導下，轉離耶穌基督的旗幟，去加入仇敵的行列。一切的力量即用來賺取利益，也就是在上帝面前拜其他的神。

世俗的人不會因現有的富足而心滿意足，即使吃穿不盡，仍舊貪得無厭，並使用每一思想和能力，以求達到這方面的目的。

吝嗇和自私的行為

我向同道弟兄們呼籲，懇求他們培養善良及溫柔的心。不論你的蒙召和地位如何，若偏向自私和貪心，便會招致上帝的不悅。勿以上帝的聖工為藉口，來對任何人進行吝嗇和自私的行為；即使所辦理的事務是與祂的工作有關，也不例外。凡是藉著自私的交易，而被帶進上帝府庫的利益，祂都不會接受的。每一項與祂聖工有關的行動，都要受到神聖的審查；每一次刻薄的交易、趁勢迫人、以低價騙取田地或物業，即使所賺取的金錢是為聖工而奉獻，也不會為祂所接受。上帝獨生子的寶血，已為每一個人付上贖價，所以需要進行誠實的交易，也要公平地對待每一個人，這是為要實行上帝律法的原則。

一位弟兄會無私地為聖工勞碌，但因身體逐漸軟弱而不能工作時，就不要把他開除，迫他設法自行求生，乃應當給予足夠的工資去供養他，並應當記著，他是屬於上帝家中的一員，而你們彼此是弟兄。

CEO
Counsels on Stewardship

30 興盛中的危險

歷代以來，富有與尊榮會為謙卑和靈性帶來甚大的危險。當一個人興盛的時候，朋友們的稱讚和奉承，使他處於特別的危險之中。人就是人，只有他全然依賴上帝，向祂尋求智慧和完全的品格，靈性才會興盛。通常那些感到最需要依賴上帝的人，就是那些在地上沒有很多財寶和名譽可依賴的人。

人的讚揚

惠贈他人豐富禮物或講讚揚的話語，這是有危險的。那些蒙上帝寵愛的人應當時刻警醒，以免傲慢會突然興起，並占了優勢。那受多人擁護，和從上帝的信使那裏聽到許多稱讚的人，是需要上帝忠心守望者的特別祈禱，以便他們能抵禦那些自高自大和屬靈方面的驕傲思想。

人切勿表現出自視過高，或企圖作一位獨裁者或統治者。應要儆醒禱告，專顧上帝的榮耀；在思想上要依戀於看不見的事物，注視著擺在他面前滿有希望的喜樂——就是永生珍貴賞賜——那麼，人的讚揚，就不會使他的頭腦充滿傲慢的思想了。有時仇敵會特別努力，就是藉諂媚和屬世的尊榮來敗壞他，弟兄們就應該忠實警告他，叫他注意這些危險，不要撇下他獨處，否則，他會更易於犯錯，而顯現出生命的軟弱來。

在謙卑的谷中

在攜帶空的杯子時並沒有麻煩，但滿溢的杯卻要小心平衡了。苦難與不幸可能會造成頗大的困難，並令人沮喪，但是，有時興旺也會危害屬靈的生命。除非那人能持久不變地降服於上帝的旨意之下，並藉真理成聖，並有仁愛和潔淨心靈的信心，否則，興盛必會激起人傲慢的自然傾向。

處身於高位的人，最需要我們的代禱，更需要全教會的代禱，因為他們蒙託付昌隆繁盛和影響力。

人若在謙卑的谷中，每走一步都依靠上帝教導和指引，就有相當的安全。但願每一位與上帝保持活潑關係的人，都為那些身負重責，處於高位者祈禱——就是那些有極高名望與地位的人，又因他們神聖擢升至那高位，便應有很大的智慧。這樣的人，除非感到需要依靠一隻比肉臂更強有力的臂膀，就是依賴上帝，不然，他們對事物的看法會被扭歪，他們亦會跌倒。

誤用原有的才能

積聚財富的慾望，是我們天生的愛好，這是天父為了崇高的目的而放在我們裏面的。你若向一位資本家，問他為何會盡用一切的精力來獲取財富，為何要這樣堅忍和勤勞地加增他的財產，如此勞苦有何企圖？他不能給你一個肯定的理由，作為解釋他賺取屬世財寶和堆積金錢的原因，也無法詳細說明他有何偉大目標或企圖，抑或他所期望要獲至的喜樂新源頭。他之所以要繼續蓄積，皆因他早已把全部的才幹和能力，都轉向這一方面了。

世人有一股熱切的盼望，就是要得到他所沒有的東西。由於習慣的權勢，他已把每一思想和意向專用於為將來做準備，所以當他逐漸衰老時，就更急切於獲得他所能賺取的一切。當一個貪心的人快要失去他所抓牢的一切屬世東西之時，便會很自然地變得愈來愈貪心。

這一切的精力、堅忍、決心，還有勤勞地使用屬世的力量，都是為了錯誤目標而誤用能力的結果。本來每一項才幹，都可用來培植到最高的地步，就是為了那屬天和不死的生命，以及那極重無比的永遠榮耀。但世人為增加收入，便使用一切精力以抓牢每一機會，他們所有的習慣和表現，都會給予那些自稱上帝兒女的人一項教訓。今世之子，在世事之上，較比光明之子更加聰明，從這方面就可看出他們的智慧了。他們的目的是為屬世的利益，於是便把所有之精力，用於這一方面；但願為天上的財寶而辛勞的人，也應有這樣的熱忱啊！

財富的障礙

除非遇上考驗，甚少人會體會到他們貪財的力量。屆時，許多聲稱跟從基督之人，就會顯露出他們沒有為天國作準備。這些人的行為證明了他們愛財富，過於愛鄰舍及他們的上帝。就像那年輕的官長一樣，他們雖尋求生命之道，但當估計的價值被指出，而需要放棄地上的財富時，他們便認定天國的代價是太高；積在地上的財富愈大，那擁有者便更難於否認，他所擁有的這一切只不過是暫借給他的，是為榮耀上帝而使用的。

耶穌就趁這機會，給祂的門徒一個深刻的教訓：「耶穌對門徒說：我實在告訴你們，財主進天國是難的。……駱駝穿過針的眼，比財主進上帝的國還容易呢。」（馬太福音 19：23 — 24）

可憐的富人與富有的貧窮人

（譯者按：在原文「貧窮」與「可憐」均為 poor 一字）

財富的力量由此可見，貪財的影響力幾乎麻痹了人的心。錢財能迷惑人，並使許多擁有之人表現出喪失理智的行為。他們愈有世上的東西，就愈想要多一些；對於遭遇缺欠的恐懼，往往隨著財富而增加。他們惟恐上帝不繼續供應，便逐漸形成為將來儲存金錢的癖性，這是吝嗇和自私的行為。這等人在上帝的面前，實在是貧窮的。他們的錢財愈積愈多，且信靠它，因而對上帝以及祂的應許，失去了信心。

忠信的窮人在上帝面前成為富有，因他們已明智地使用僅有的微量錢財來福惠別人，感受到鄰居對他有所要求時，沒有置之不理，反而服從上帝的命令：「要愛鄰舍如同自己。」（路加福音 10：27）並視同胞的得救問題，比世間一切金銀更為重要。

基督指出一個方法，叫那些有錢財，而在上帝面前卻不富足的人，可獲真正的財富，祂說：「你們要變賣所有的，賙濟人。」要積攢財寶在天上。祂所提出的解救辦法，乃是要他們把愛好轉注於永恆的事物上。由於他們已把金錢投資於上帝聖工上，助人得救，賙濟需要的人，而在善事之上富足，於是「為自己積成美好的根基，預備將來，叫他們持定那真正的生命。」這就證明此項投資是安全的。

有許多人在行動上，卻表現出不信任天上的銀行，寧可信任在地上的錢財，而不願將他們的投資送至天上，為他們開路。這些要花一番工夫，才能勝過貪心和愛世界。有錢的貧窮（**可憐**）人聲稱是事奉上帝的，其實他們是可憐蟲，一方面自稱認識上帝，另一方面在行為上否認祂。這是多麼大的黑暗啊！他們雖承認信奉真理，但在行為上卻與他們所承認的不相稱。貪愛錢財已使他們成為自私、固執和自高自大的人了。

跟從耶穌的條件

耶穌只要求他（**年輕的官長**）跟著祂所帶領的路行走。我們若跟從祂神聖的腳蹤，讓祂在前先把荊棘壓低，那麼，在踏上困難之途時，便更易於跟從了。這位有才幹而高貴的官，若能依從基督的要求，就會即時蒙悅納，正如祂接受貧窮的漁夫，叫他們跟從祂一樣了。

這年輕人獲財物的才能，對他並無不利之處，只要他愛人如己，不在獲取財物時損人利己便行了。這項特殊的才幹，若用於事奉上帝，拯救生靈的事上，便會為神聖的主所悅納，而成為基督的一位殷勤和成功的工人了；但他卻拒絕了與基督合作拯救生靈的崇高特權，他寧可轉離所應許賜予之天上榮耀的的財寶，而不肯放棄那短暫的地上財物。

這年輕的官代表了一大班人，他們會成為卓越的基督徒，只要沒有十字架要他們高舉，沒有謙卑的擔子要他們背負，沒有屬世的利益要他們放棄，沒有財產或情感要他們犧牲。基督已託付他們才幹和金錢的資本，並期望他們能同樣歸還。我們所擁有的，並不是自己的，乃是要用來為那賜給我們一切的主服務。

富有人中甚少有信心

在富有人之中，甚少有持久一致的信心。真正的信心，並加上行為是罕見的。但凡有這樣信心之人，都不會缺少感化力的。他們會效法基督的無私善行和祂所有對救靈工作的興趣；跟從基督的人，應像祂那樣重視生靈，並贊同他們親愛救主的工作，且不惜任何代價，努力去拯救祂寶血所贖買的生靈，若與一個生靈作比較，金銀、田產與房屋算得了什麼嗎？

財富不能贖罪

一切的財富，即使極其貴重，也不足以在上帝面前遮掩極輕微的罪過。財富或聰明大智，都不會被接受作為罪的贖價，唯有悔改、真正謙卑、悲傷的心、懺悔的靈，才會蒙上帝接納。

在我們的教會中，本應有許多人奉獻大筆的捐款，而不該滿足於繳納微薄的數量，給予這位曾為他們成就大事的主。不能衡量的福氣正落在他們身上，但歸還與賜予者的那部分，是何等少啊！但願那些在世上是客旅，是寄居的人，現在就先行把他們的財富送到天上的國裏去，就是把最需要的禮物獻於上帝的府庫。

最大的危險

有異象顯示給我看到，在信徒中，很多人並不缺乏金錢；目前他們最大的危險不是累積財富。有些人正在不斷地增加他們的操心和勞碌，結果使他們幾乎忘掉上帝和聖工的需要，而在屬靈方面死亡了。他們需要向上帝奉獻供物。供物不會增多的，反而是減小和耗盡。……在我們的民中有許多的金錢，證明只是對擁有者有害。

CEO
Counsels on Stewardship

31 撒但的詭計

上帝的百姓正臨近末世的危機，撒但和他的使者也正殷勤商議，使用最成功的計謀來摧毀他們的信仰。他看到一般的教會已被他的誘惑力所催眠，並藉詭辯和騙人的奇事，繼續控制他們。於是他便指揮他的使者，特別為那些期待基督復臨和盡力守上帝誡命的人佈置陷阱。

這名大欺騙者說：「我們必須監視那些呼召人注意耶和華的安息日的人，因他們會帶領許多人認識上帝律法的要求，而那顯示真安息日的亮光，亦同樣會顯示基督在天上聖所的服務，使人看到救贖人類的最後工作正在進行著。要把人的思想蒙蔽在黑暗中，直至那工作完畢，這樣，就可將世界和教會一同兼得了。

去，使那些金錢和田地的擁有者，沉迷於今生的思慮中。要向他們呈現世上最吸引人的亮光，使他們把錢財積存於這裏，並把他們的愛好，集中於屬世的事物之上。我們必須盡一切可能，阻止那些在上帝工作勞力的人賺取金錢，來敵對我們。要佔據他們的錢財，否則，他們的錢增多了，就會搶走我們更多的人民，而使我們的國遭受損害。要使他們為金錢憂慮，過於開心建立基督的國度和傳揚我們所憎恨的真理。我們不必怕他們的感化力，因為我們知道每一個自私、貪

心的人，將會落在我們的權勢之下，最後終必與上帝的子民分離。」

比屬世的損失更慘重

撒但是第一號欺騙者，我們若接受他的誘惑，後果會比我們所認識的屬世損失更為淒慘；是的，比死亡本身更甚。那些降服於撒但的計謀，使用高昂代價來換取成功的人，將會發現他們的交易是不合算的。在撒但的買賣中，每樣東西都要以極高的價錢才能獲得，而他所提供的利益，只是海市蜃樓而已，並且人們所希望的事物都要犧牲一些美好、聖潔和純全的東西，才能獲得。我們應常以「經上記著說：『來對抗撒但』。凡敬畏耶和華，遵行祂道的人，便為有福。你要吃勞碌得來的，你要享福，事情順利。」（詩篇 128：1 － 2）

上帝為贖民所修築的道路，是超越世間一切的計謀和策略。凡行在其間的，要以行為來表現出真純的原則。

發育不全的信仰經驗

富有的人受試探，想將他們的金錢用在任性放縱、滿足口腹、妝飾自己或鋪張家宅的事上。許多掛名的基督徒也為了這一類的事，竟毫不吝惜地浪費，甚至奢侈無度；但當請他們捐獻給主的府庫，用以推進祂在地上的聖工時，便躊躇了。在使用各樣計畫，致力於滿足自我的時候，就表現出眉飛色舞的神態；但當上帝的聖工要求他們慷慨捐獻時，卻沒有半點快樂的表現。他們或許會感到無可奈何，而勉強捐出一筆款項，為數卻遠較其經常供無謂揮霍的為少。他們沒有表現出真正愛基督，對救人一事也是無真實的興趣。這等發育不全的人，且具病態的基督徒生活，該是何等的令人驚駭啊！這樣的人，除非能改變他們的行徑，否則，他們的亮光必在黑暗中熄滅。

CEO
Counsels on Stewardship

32 誤用的財富

累積的錢財，如果沒有好好運用，不僅沒有用處，簡直是一種咒詛。它在今生，是陷害靈性的網羅，使人的心情轉離天國的財富。在上帝的審判大日，那些沒有被利用的錢財，以及忽略了的機會，將要定那擁有者的罪。

許多人在他們的心中，時常責怪上帝是一位嚴厲的主人，皆因祂對他們的財物和服務有所要求。但在我們能給上帝的每樣事物中，沒有一樣不是祂的。大衛王說：「因為萬物都從你而來，我們把從你而得的獻給你」（歷代志上 29：14）一切東西都是上帝的，不單藉著創造，乃因祂的救贖。今生和來生的一切福氣，都蓋有髑髏地十字架的印記，才送給我們。

因愛而被改變

來自上帝之靈的真理，會從我們的內心把貪愛財富的欲望逐出，因為耶穌的愛與貪愛金錢的欲望，是不能同住於一個心內。只要上帝的愛能凌駕於貪財的心，那人便會脫離他的財富，而把感情轉移向上帝。因愛的緣故，就會被引領去為需要者服務，並且協助上帝的聖工。他最大的喜樂，就是能正確地處理上帝的資產，不將它視為己有，乃以祂的管家身分，忠心的履行職責；這樣，就是遵守了律法的兩大條

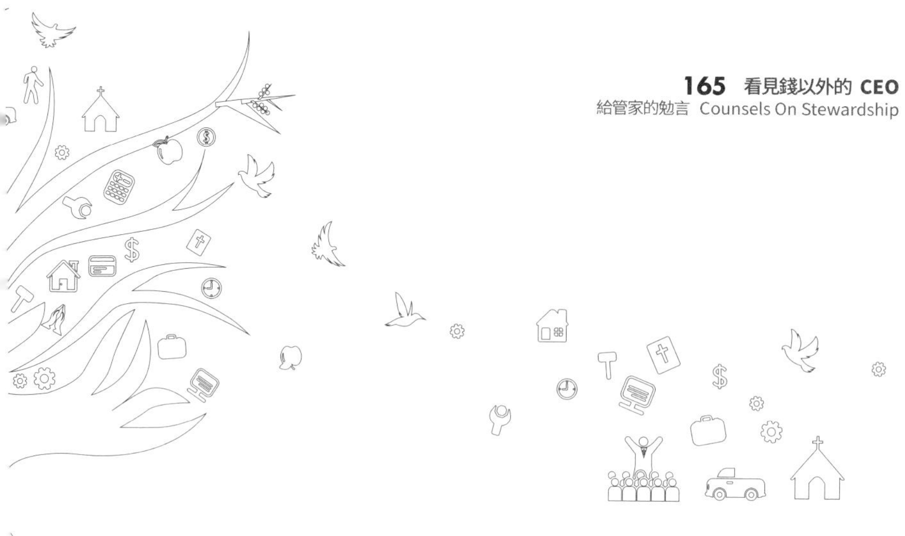

誡命：「你要盡心，盡性、盡意、愛主你的上帝，」「又要愛鄰舍如同自己。」

用這個方法，有錢的人也可進入上帝的國了。「凡為我的名撇下房屋，或是弟兄、姐妹、父親、母親、妻子、兒女、田地的，必要得著百倍，並且承受永生。」（**馬太福音 19：29 — 30**）這就是為上帝犧牲所得的賞賜，他們除了可在今生得著百倍外，還要承受永生。

上帝的管家們，倘若能盡他們的責任，就不致有因財富激增而做成網羅的危險，因這些錢會明智地，以及像基督般慷慨地使用。

財物應予珍惜，但非用以積蓄

那尋找永恆財富的人，應以更大的熱誠和毅力，去努力獲取天上的財寶，這熱烈的程度是與所追求事物的價值成比例的。世人為地上短暫的東西而辛勞，積攢財寶在地上，這正是耶穌要告訴他，是不可以這樣做的。

真誠的基督徒，重視耶穌所給予的警告，並且一個行道的人，會積攢財寶在天上，這正是世人的救主對他說，應要這樣做的。他視永生為極大之福樂，值得付上一生堅忍不倦的努力。他沒有誤用勤勞，完全專注於天上的事物，因那裏有基督坐在上帝右邊。他既蒙神恩改變，生命便與基督一同藏在上帝裏面。

他並沒有失去任何積聚財富的能力，只是積極地使用精力，來追求屬靈方面的成就；於是一切蒙託付的才幹，便會被視為上帝的恩賜，為榮耀祂而使用。因此，財物會被珍視，而並非累積，它的價值只是用作推廣真理，就像基督在地上工作時一樣，去造福人類。他只是為了這目的而使用他的能力，而不是為了個人的喜愛與榮耀，乃是要增強每一項受託的恩賜，以便能為上帝作最崇高的服務。對這樣的人而言，乃是「殷勤不可懶惰，要心裏火熱，常常服事主。」（**羅馬書 12：11**）

謹慎和有遠見地使用今生之物，上帝沒有定這樣行為有罪，但是，對世間東西狂熱追求，以及過度的焦慮，就是不合祂的旨意了。

CEO
Counsels on Stewardship

33 對窮苦人的同情

天庭都為拯救失喪的人作工，因此，那些與基督同得豐盛恩典的人，又怎能對同胞漠不關心而不加同情呢？他們怎能在地位和階級上驕傲放縱，又蔑視那些不幸和窮苦的人呢？

事實上，世上所盛行的以高位自負和欺壓窮人，的確存在於自稱為跟從基督的人之中。許多人本應對人類表現出極大的同情，但卻冷淡無情了；他們竟把上帝託付給他們，應用以福惠別人的東西，反用在自己身上。富有人不但榨取貧民的血汗，甚至把因此而得的錢，在上帝的家中傲慢放縱和炫耀誇示。貧窮人因此而感覺到參加崇拜上帝的聚會，是一件昂貴的事。許多人甚至會感到，只有富人才能參與敬拜上帝，他們才能給世人有良好的印象。倘若上帝未向那些心中痛悔的貧窮和低賤的人顯露祂的愛，這世界要成為窮人的傷心地了。

世人的救贖主，何嘗不是貧窮父母的兒子。在祂嬰孩時期，被帶到聖殿奉獻之時，祂的母親只能獻上那指定為窮人的祭物——一隻斑鳩或兩隻雛鴿。然而祂就是天庭賜下給我們這世界的最珍貴禮物，其價值無法計算，但也能藉最微小的奉獻來承認。我們的救主寄居在地上之時，是與貧窮和低賤的人同甘共苦。因此，捨己和犧

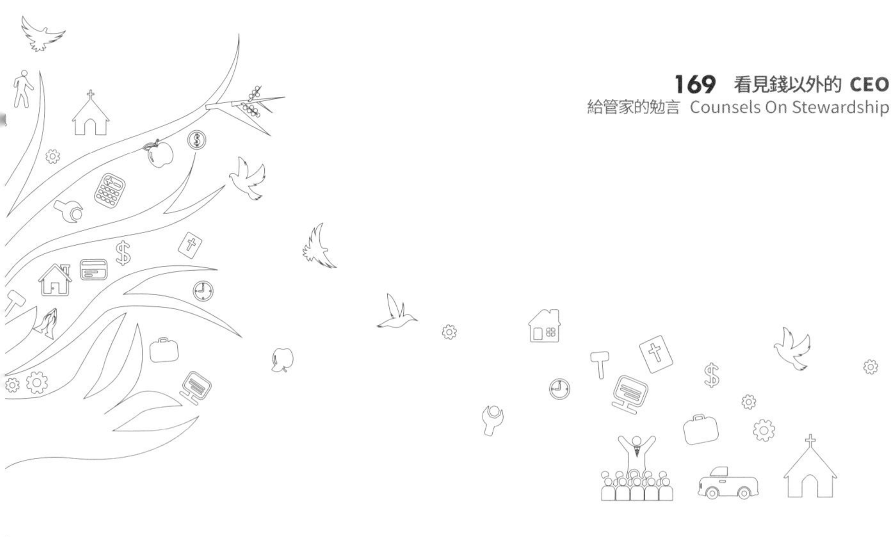

牲，就成了祂一生的特徵。

我們享用的一切恩寵和福氣全都是來自於祂，使我們或為今生財物的管家，這且是祂的恩典。即使是最微小的才幹，以及最卑微的服務，都可獻給耶穌作為奉獻的禮物；祂便會加上自己功績的芳香，再轉呈祂的父。我們若對上帝存著真誠的愛心，把所有最好的獻給祂，並渴望為耶穌服務，那份禮物便會全被接受。每一個人都能把財寶存在天上，也能「在好事上富足，甘心施捨，樂意體貼人；為自己積成美好的根基，預備將來，叫他們持定那真正的生命。」（**提摩太前書 6：18 — 19**）

以同情繫結在一起

上帝的旨意是要富人和窮人，以同情的繩帶緊密地連結在一起。祂對我們每一個人都有一項計畫，對一切事奉祂的人都有祂所指派的工作。祂吩咐我們，在所知的每一件苦難或需要上，都要表示關懷。

我們的主耶穌，本來富足，卻為我們成了貧窮，叫我們因祂的貧窮可以成為富足。祂囑咐一切祂所委託今生恩賜的人，要跟從祂的榜樣。耶穌說道：「因為常有窮人和你們同在，要向他們行善，隨時都可以。」（馬可福音 14：7）世間的窮乏與不幸，時刻喚起我們的憐憫與同情。救主也宣告說，對忍受苦難的人服務是祂最喜悅的，祂說：「不是要把你的餅分給饑餓的人，將飄流的窮人接到你家中，見赤身的給他衣服遮體，顧恤自己的骨肉而不掩藏嗎？」（以賽亞書 58：7）我們應當服侍病人，供養饑餓的人，給赤身的人以衣服穿，並教導那些無知的人。

許多人因世界充滿著窮乏與災難，就埋怨上帝，但祂卻是一位大有慈悲的主，要藉祂所委託的代表們，以貨財去供給一切的窮人。其實，祂早已為一切的需求，而準備了豐富的供應。人若不誤用祂所賜之物，也毫不自私地向同胞扣留，那麼，就沒有人會受窮乏之苦了。

在上帝眼中沒有階級之分

我們千萬不要冷酷無情，尤其是對待貧窮人的時候；應要向所有的人表現出禮貌、同情和憐憫。偏袒富人是令上帝不悅的。若藐視祂的窮苦兒女，就是藐視耶穌。他們雖在世間的財物上不是富有，但卻是祂所珍愛的。上帝不承認地位的分野，對祂來說，並無階級可言；在祂眼中，人就是人，不管是好是壞。在最後算帳的大日，一切的地位、階級或財富，對人的案情是沒有絲毫的影響；那位洞悉一切的上帝，在審判人的時候，只憑他們心中所有的純潔、高貴的品格，以及對基督的愛。

基督宣告，福音要傳給貧窮人。當上帝的真理被送到窮乏之人和無依無靠者之中，就會產生更動人的愛；於是福音的亮光就清澈地照射出來，令農夫的茅舍及勞動者簡陋的屋宇光耀起來。上帝的天使在那裏與他們同在，使粗茶淡飯變成佳餚美點。那些為世人所忽視和棄絕的人，被提升為至高者的兒女，甚至於基督坐在天上的座位，這是遠超於地球所能給予的地位。他們也許沒有地上的財寶，卻已尋獲那重價的珠子。

寡婦和孤兒們的要求

過於隨便地賙濟每一個向我們求助之人，也不是明智之舉；因這樣做會鼓勵人懶惰、放縱和浪費。但若有人登門求助，說沒有飯吃，這樣，就勿讓他空著肚子離去，把你所有的一些食物給他吃。他的貧窮可能是出於不幸，這是你不知道的。

在一切需要我們關心的人中，尤其以寡婦和孤兒最需要我們的慈愛與同情。「在上帝我們的父面前，那清潔沒有沾污的虔誠，就是看顧在患難中的孤兒寡婦，並且保守自己不沾染世俗。」

有不少作父親的人，信道之後死了，安息於上帝永恆應許中，遺下所愛的人於世上，全心信靠主會照顧他們。上帝怎樣供養這些喪父遺孤呢？祂沒有行神蹟，叫天上降下嗎哪給他們，也沒叫烏鴉送糧食給他們；然而，祂在人們心中行神蹟，把自私自利之念從人的心靈中趕除，並開啟那慈善之泉源。祂把這些孤寡受苦之人，交給一些自稱為主門徒的人去救濟，藉以試驗他們的愛心。從某種特別的意義上說來，這些孩童乃是基督所關注的，人若忽略他們，就是得罪了祂。凡忽略了他們的，就等於在基督的受苦者身上忽略了祂一樣。

凡奉基督的名而為他們行的每一件善事，都要蒙悅納，視同行在祂自己的身上一樣；因祂是與受苦之人類合為一體，又把濟助及福惠貧窮受苦之人的偉大工作，委託給祂的教會，藉此來事奉祂。上帝的福氣，是會落於那些甘心服事的人身上。

死亡除非能在勝利中被吞滅，否則，必有孤兒等待著被照顧。教友們若沒有對他們表現溫柔的同情和愛心，這些可憐的人，便會受盡各樣的痛苦。上帝吩咐我們說：「將飄流的窮人，接到你家中。」（以賽亞書 58：7）基督徒應當作這些無家可歸之孤兒的父母。那些彰顯於祈禱與行動中對孤兒寡婦的同情，會在上帝之前被紀念，到將來必有報償的一日。

慈憐是我們與上帝聯合的證據

上帝把祂的福氣分給我們，為要我們能轉贈別人。只要我們能奉獻自己作為祂的愛所湧流的通渠，祂便會使這通渠常獲供應。每逢你向上帝求賜日用的飲食時，祂要看透你的內心，並要知道你是否願意把同樣的東西，分贈予比你更需要的人。每逢你祈禱時說：「上帝啊，可憐我這罪人。」祂也要看看你能否向你所交往的人表示同情。這是我們與上帝聯絡的證據——我們要慈悲為懷，正如我們天上的父慈悲一樣。我們若是屬於祂的，就會照著祂的吩咐去做，即使是如何困難，或與我們的情感相反，也要甘心樂意去作。

我們從事基督的工作，也要像祂那樣為受苦難之人服務，這樣，就是發展基督徒的品格。上帝為我們的好處，才呼召我們出來，為基督的緣故而實行捨己，背負十架，努力和犧牲去尋找拯救失喪的人。這是上帝把人提煉的步驟，為的是要把渣滓煉淨，好讓基督品格的珍貴特點，能出現於信徒身上。一切的渣滓必須藉聖化人的真理，才能從心靈中被清除煉淨。

我們藉賴基督的恩典，為福惠別人所作的努力，不單只能使我們在恩典中生長，更能提高將來永恆的快樂。祂會對那些曾與基督同工的人說：「好，你這又良善又忠心的僕人，你在不多的事上有忠心，我要把許多事派你管理，可以進來享受你主人的快樂。」

不是要支持怠惰

慣於私下或使用教會的金錢，來供養在怠惰中的男男女女，無形中鼓勵了他們的壞習慣，應要避免這樣做。每一個男女或兒童，都應受教育去做一些實際有用的工作，或學一些手藝，這也許是造帳幕或其他行業，總而言之，各人都有要接受訓練，為某種目的而使用他們的能力。凡是願意養成勤勞習慣的人，上帝都已預備好增進他們的才幹。我們要「殷勤不可懶惰，要心裏火熱，常常服事主。」這樣監管他們感化力的人，都會蒙上帝賜福。

誤用教會的錢財

由於誤解慈善的意義，使得許多本應為佈道而用的金錢，都被誤用了。我們賙濟窮人，可能是錯誤的，對他們也並非是福氣，反而使他們覺得不必做工，也不必節約，總之別人不會讓他們挨餓。我們不應鼓勵怠惰，也不應供應錢財縱容自我滿足。一方面不要忽略真正的窮苦人，另一方面則要每個人儘量受教，自己幫助自己。

救靈是我們工作的擔子。基督作了偉大的犧牲，為的就是這事。這也是特別對我們所要求的慈善。

捨己──克己

上帝的兒女在缺乏和悲痛中向祂呼求。許多人因生活上的嚴重缺乏而坐以待斃，他們的哀訴已進入萬軍之主的耳中，祂將會嚴厲地要求那些忽略祂窮苦子女的人交帳。當上帝質問那些自私的財主時，他們會怎樣做呢？「你怎樣用我給你的，就是要為我而用的錢？」「這些人要往永刑那裏去。」上帝要對他們說：「你們這被咒詛的人，離開我，……因為我餓了，你們不給我吃；渴了，你們不給我喝；我作客旅，你們不留我住；我赤身露體，你們不給我穿；我病了，我在監裏，你們不來看顧我。」（馬太福音 25：42－43）

在我們的四周，都聽聞世人痛苦的哀訴。罪惡陰影正籠罩在我們的身上，故此，我們當準備好，與主合作。今生的享樂和權勢將要消逝，沒有人能把屬世的財物，帶進永恆的世界裏；但為遵行上帝旨意而過的生命，卻要存到永遠；推展上帝聖工的果效，將會在祂的國中看見。

CEO
Counsels on Stewardship

各人要照所得的恩賜彼此服事，
作上帝百般恩賜的好管家，
祂必將各樣的恩惠，多多的加給我們。

第六篇

在貧窮中仍慷慨好施

34 慷慨受稱讚

使徒保羅在各地教會傳道時，常是不倦地努力感動悔改者的心，使他們渴望為上帝的聖工行出大事。他常常鼓勵他們要實行慷慨樂捐，又對那些以弗所長老們說：「我凡事給你們作榜樣，叫你們知道：應當這樣勞苦，扶助軟弱的人，又當紀念主耶穌的話說：『施比受更為有福。』」（使徒行傳 20：35）

他寫信給哥林多人說：「少種的少收，多種的多收；這話是真的。各人要隨本心所酌定的；不要作難，不要勉強；因為捐得樂意的人，是上帝所喜愛的。」（哥林多後書 9：6 － 7）

馬其頓的信徒在今世財物上，幾乎全都是貧窮的，但他們的心卻洋溢著對於上帝和祂真理的愛，並且樂意捐助維持福音；因此，在為救濟猶太信徒而向外邦人教會普遍募捐之時，馬其頓悔改歸正之人的慷慨，就被舉出作為其他教會的榜樣。使徒寫信給哥林多的信徒，要他們注意「上帝賜給馬其頓眾教會的恩，……就是他們在患難中受大試煉的時候，仍有滿足的快樂；在極窮苦之間，還格處顯出他們樂捐的厚恩。……他們是按著力量，而且也過了力量，自己甘心樂意的捐助；再三的求我們，准他們在這供給聖徒的恩情上有分。」（哥林多後書 8：1 － 4）

馬其頓信徒的甘願犧牲，乃是由於專誠獻身而來。他們受了上帝聖靈的感動，「先把自己獻給主」（哥林多後書 8：5）；然後才甘心樂意捐出自己的財物來維持福音。他們捐獻，並不需要別人的勸勉，而是樂於以克己，甚至放棄自己必需之物，以便能以供應別人的需要為榮。當使徒想加以勸阻的時候，竟強求他接納他們的捐款。他們是本著純樸、直率、與愛弟兄的心，樂意克己，因此就在仁慈的善果上顯出滿足來。

當保羅差派提多到哥林多去鼓勵該地信徒的時候，他教訓提多要將教會建立在施捨的慈惠事上；同時又在個人給當地信徒的書信中，加上自己的請求說：「你們既然在信心、口才、知識、熱心和待我們的愛心上，都格外顯出滿足來，就當在這慈惠的事上，也格外顯出滿足來。」「如今就當辦成這事，既有願作的心，也當照你們所有的去辦成。因為人若有願作的心，必蒙悅納，乃是照他所有的，並不是照他所無的。」「上帝能將各樣的恩惠，多多的加給你們；使你們凡事常常充足，能多行各樣善事；……叫你們凡事富足，可以多多施捨，就藉著我們使感謝歸於上帝。」（哥林多後書 8：7；11 － 12；9：8 － 11）

不自私的慷慨樂捐使早期教會大得喜樂；因為信徒們知道他們的

努力，乃是幫助將福音的信息傳給黑暗中的人。他們的善行證明他們並非徒然接受上帝的恩典。除了藉聖靈得以成聖之外，還有什麼能產生這種慷慨樂捐的事呢？這在信與不信的人看來，真是恩典的奇蹟。

慷慨獲報償

「以利亞就起身往撒勒法去。到了城門，見有一個寡婦在那裏撿柴；以利亞呼叫她說：『求你用器皿取點水來給我喝。』她去取水的時候，以利亞又呼叫她，說：『也求你拿點餅來給我。』」

當時這個窮苦的家庭，深受饑荒的熬煎；而且僅存的一點糧食似亦即將告罄。正當這一天寡婦擔心她必須放棄求生的努力，以利亞的到來，竟使她仰賴永生上帝供給她所需的信心，受到一次嚴重的考驗。然而即使處於極端困境之中，仍然依從這陌生人的請求，拿出最後一點食物來分給他吃，藉此表現自己的信心。

寡婦回答以利亞對飲食的要求，說：「我指著永生耶和華你的上帝起誓，我沒有餅，罈內只有一把麵，瓶裏只有一點油；我現在找兩根柴，回家要為我和我兒子作餅，我們吃了，死就死吧！」以利亞對她說道：「不要懼怕，可以照你所說的去作吧；只要先為我作一個小餅，拿來給我，然後為你和你的兒子作餅。因為耶和華以色列的上帝如此說：罈內的麵必不減少，瓶裏的油必不缺短，直到耶和華使雨降在地上的日子。」

信心的考驗沒有比這更大的了。這寡婦向來是以仁愛和慷慨款待客人，現在她就不會再考慮到自己和孩子所可能遭受的痛苦，只是信賴以色列的上帝，一定會供給她所需，於是，她便在這次好客之情的最大考驗下，「照以利亞的話去行」。

這個腓尼基婦人向上帝的先知所表示的款待，真是令人感服，結果，她的信心與慷慨也獲得奇妙的報償。「她和她家中的人，並以利亞，吃了許多日子。罈內的麵果不減少，瓶裏的油也不缺短，正如耶和華藉以利亞所說的話。」

撒勒法的寡婦，把她僅有的少許糧食分給以利亞。她所獲得的報答，乃是她自己和她兒子的生命都得蒙保存；照樣，上帝也應許要大大賜福給凡在患難與缺乏時期中，還能同情並幫助其他有更大需要的人，祂並沒有改變。祂現今的能力並不是比以利亞的日子還小。

寡婦的兩個小錢

耶穌坐在設有奉獻箱的院子裏，看著眾人投錢入庫。有許多財主帶著大量的錢幣，以極其誇耀的態度投入箱內。耶穌看著他們發愁，對他們大量的捐獻並沒有發表什麼意見。一會兒工夫，祂看見一個窮寡婦猶豫地前來，好像是怕人看見似的，耶穌的臉上便發出愉快的神色來。當那些富足和傲慢的人上來投入他們的捐款時，她便倒退了幾步，很難鼓起一點勇氣走進前來，然而她渴望能為她所愛的聖工，盡一點微薄的力量。她看看手中的禮物，與周圍那些人的捐款比較起來真是微乎其微，然而她一切所有的就是這麼多。她守著機會，匆匆忙忙地投入兩個小錢，急忙轉身就走。但是，當她這樣做的時候，看見耶穌正定睛望著她呢！

救主叫門徒到跟前來，請他們注意這寡婦的貧窮；於是那寡婦聽見祂稱讚的話道：「我實在告訴你們，這窮寡婦投入庫裏的，比眾人所投的更多。」當寡婦覺得自己所做的事，獲得人的同情和賞識之時，她歡喜得熱淚滿眶。許多人會勸她把這一點點錢留為自己用，況且這一點點的錢，放在大腹便便的祭司掌中，與那些投入銀庫的大量捐款混合起來，根本無足輕重；但是耶穌明白她的動機。這婦人相信聖殿的崇拜，是上帝所指定的，故極願盡她的力量來維持。她已經盡到她所能的，所以這一件事要世世代代作為她的紀念；並在來生作為她永遠的喜樂；因她的心和她的禮物都一起獻上。其價值並不在乎錢的多寡，乃在乎那激動她捐獻的，愛上帝和關懷上帝工作的心。

耶穌論到這窮寡婦說，她「投入庫裏的，比眾人所投的更多。」財主是拿自己多餘的錢財捐上，其中有許多是為了要別人看見，要受人尊敬。他們雖然大量捐獻，並沒有使他們失去半點的享樂，連他們的奢侈生活，也絲毫沒有受到影響，犧牲則更談不上了。所以他們捐款的價值絕不能與寡婦的小錢相比。

動機在錢財多寡之上

我們的動機決定我們行為的本質，說明它是卑鄙的，或是高尚的。上帝並不以那些眾目所看著的偉大，眾口所稱贊的大事為可貴。凡樂意盡的小義務，不令人見的小奉獻，在人看來或許算不得什麼，但在上帝眼中是最有價值的。一顆信實仁愛的心，在上帝看來比最貴重的捐獻更為寶貴。貧窮的寡婦，已經拿出她所有的生活費，獻上了一點點捐款；為的要將那兩個小錢獻給她所愛的聖工，竟犧牲了自己的飲食。她憑著信心去作，篤信天父不會忽略她迫切的需要。使她得到救主稱讚的，乃是這種無私的精神，和赤誠的信心。

在窮人之中，有許多因領受上帝的恩典和真理，而渴望向祂表示感激。他們極願與他們更富裕的弟兄們，共同維持上帝的聖工，誰都不應拒絕這樣的人。務要讓他們把自己的小錢積蓄於天國的銀庫裏。他們所奉獻的，若是出於一顆充滿愛上帝的心，那麼，這區區之數就必會成為神聖的奉獻和無價之供物，是上帝所喜悅，所重視的。

馬利亞的奉獻蒙悅納

使一份禮物成為有價值的，是那心中的服務。當天上的大君成了嬰孩的樣式，被委託給馬利亞時，她為這份珍貴的「禮物」，並沒有什麼可奉獻的，只能按照指定給窮人的，就是獻上一對斑鳩，放在上帝愛子的面前；但耶穌的母親並沒有因禮物的微小而遭拒絕。上帝所看的，是她心中的甘心情願，她的愛心已使她的禮物變為香甜了。所以，無論我們的禮物是多麼的細小，只要出自對祂的愛心，以及把最好的獻上，上帝也會悅納我們的禮物。

35 在上帝眼中看為寶貴

在自稱為上帝兒女的人當中，也有一些貪愛世界的男男女女，他們被世俗的影響力腐化了，並正在放棄他們的神聖品格，既作為不義之工具，便達成仇敵的目的。

與這班人成一對比的，就是那些誠實和勤勞的窮人；他們隨時準備幫助那些需要幫助的人，即使受冤屈，也不會去表明富有人的自私和貪得精神。這人視無愧的良心和正義的原則比黃金更有價值，並隨時盡力行善。若有需要他的財力或勞力的行善機會，他常是第一個回應的，且往往超越他的能力，並為完成行善的目的而捨己。

這等人雖沒有多大的屬世財富可自誇，甚至被視為缺乏判斷力和智慧的，他的感化力也許沒被認為有特別的價值，但在上帝眼中，他卻是寶貴的。他可能被認為是眼光短淺的，但所表現的智慧卻遠遠超過那些貪得無厭和攻於心計的頭腦，正如神性高於人性一樣，他豈不是為自己把純正的、不朽的和不衰殘的財寶積存於天上嗎？

馥郁的香氣

經驗顯示出，較為貧窮的人往往比富有的人更有慈善心。許多渴慕大富大貴的人，將會被他們的財產毀壞了。這樣的人蒙託付金錢的才幹，往往只是把上帝的金錢，用來囤積或浪費，以致主對他們說：

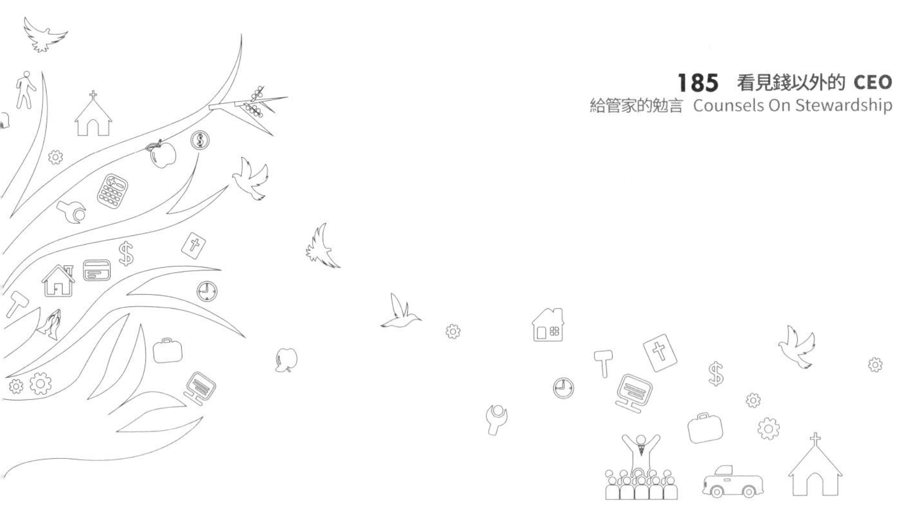

「你不能再作我的管家。」他們不誠實地把別人的東西視為己物來使用，上帝不會把永恆的財富託付給他們。

窮人為推展真理寶貴亮光的奉獻，就是自我犧牲的果實，要成為馥郁的香氣，升達上帝面前。每一項為別人利益的克己犧牲，都會加強施予者的慈善精神，使他與世人的救主更為聯合，祂本來富足，卻為我們成了貧窮，叫我們因祂的貧窮可以成為富足。

出自克己犧牲的甘心樂意奉獻，即使是最小的數目，在上帝的眼中卻比奉獻千萬元而不感缺乏的捐款更為有價值。窮寡婦把兩個小錢投進上帝的銀庫，顯示了她的愛心、信心和善行。上帝對那份誠懇的捐獻所賜下的祝福，使它開啟了偉大果效的源頭。

寡婦的小錢，如同一條溪流，隨著年代愈流愈深廣，並且對推展真理和濟助窮人方面，作出無數貢獻。這份微小的禮物，在各世代和各國中，使千萬人的心裏一直燃起作用；結果就有數不盡的奉獻，從慷慨和捨己的窮人手中，流入上帝的府庫。她的榜樣感動了數以千計原本是愛宴樂、自私和疑惑的人，就因他們的奉獻而使她小錢的價值日益增漲。

捐款雖被誤用，捐獻者仍得報償

那些曾受真理聖化的影響，並視之為珍貴的貧窮家庭，會想到他們能夠也應該縮衣節食地把捐款投進上帝的府庫裏；這些人寧可沒有那些令他們舒適的衣著用品，或是變賣唯一的牛隻，把所得的錢奉獻給上帝。那出自真心誠意，流著感恩的淚而奉獻的人，皆因他們也有權利參與上帝的聖工，能與他們的捐款一同俯首於上帝面前，祈求祂的賜福，使這些金錢能把真理的知識帶給黑暗中的生靈。

如此奉獻的錢財，並不一定是按照那些自我犧牲捐獻者的意思去使用。貪心和自私的人，不但沒有克己犧牲的精神，也不忠心處理這些被帶送上帝銀庫的錢財，在另一方面，又藉著接受那些用不正當方法賺來的金錢，而奪取上帝府庫之物。他們這種不尊重上帝的行為和鹵莽的管理方法，就浪費和揮霍了那些以祈禱和流淚獻給上帝之人的錢財。

所捐獻的金錢，雖可能沒有按著捐獻者的希望，用在他期望的地方——使上帝得著榮耀，使世人得著拯救——但凡是誠心犧牲捐獻，專心要使上帝得榮耀的人，必不會失去他們的報償。

天上天平的估值

在聖所的天平裏，窮人出於愛基督之心所作的捐獻，不是按其捐款的數量，乃是按那激發犧牲的愛心而估價的。慷慨的窮人，所能捐的雖少，但卻捐得樂意，耶穌賜福的應許，就一定會實現在他們的身上，正如富人捐上大量的錢蒙福一樣。窮人捐得雖少，卻是作了他最大的犧牲。他真是犧牲了一些個人安逸所必需之物；至於富人卻自其富有中捐出，不覺得缺乏，沒有犧牲什麼實在需要之物。因此，在窮人的捐獻上，具有一種神聖性，是在富人的禮物上所沒有的；因富人的捐獻是出自他們所富有的。上帝本其美意，安排了這個長期捐獻的整個計畫，原是為人的益處。祂的美意，從不歸於沈默靜息。上帝的僕人若實行祂這明確的旨意，人人都要變成積極活潑的工人了。

各人要照所得的恩賜彼此服事，
作上帝百般恩賜的好管家，
祂必將各樣的恩惠，多多的加給我們。

第七篇

外邦人的財富

36 恩惠的接受與分贈

上帝的靈仍在世上，只要我們在這世界一日，就要同時接受和分贈恩惠。我們要把《聖經》中真理的亮光給予這世界，也要從世人那裏接受上帝感動他們為聖工所作的。上帝仍然為祂的子民，去感動君王和領袖的心，所以那些深深愛慕宗教自由的人，不該斷絕任何恩惠，或在聖靈感動人奉獻時退縮，而影響聖工的發展。

我們在上帝的聖言中找到有關的事例，波斯王古列向全國宣布，並立下詔書，說道：「波斯王古列如此說：『耶和華天上的上帝，已將天下萬國賜給我，又囑咐我在猶大的耶路撒冷，為祂建造殿宇。在你們中間凡作祂子民的，可以上猶大的耶路撒冷，在耶路撒冷重建耶和華以色列上帝的殿，願上帝與這人同在。』」（以斯拉記 1：2－3）第二道為上帝建殿的命令，是由大利烏王發出，記載在〈以斯拉記〉第六章內。

耶和華以色列的上帝雖已把祂的貨財放在不信者的手中，但他們卻要將它用來支援那為墮落世界而作的工。奉獻這些財物的人，可敞開傳揚真理之門，也許他們對這工作不表同情，亦不相信基督，也沒有實行祂的道，但他們的奉獻，不應因此而被拒絕。

我再次蒙指示，我們若以智慧與人交往，使他們認識我們的工

作，給他們機會，去做那些我們有特權勸導要做的推廣聖工，就能從不同的方面，接獲更多的恩惠了。

尼希米的榜樣

尼希米並沒有倚靠無定的事物。他缺少財物，就向那些可以捐獻之人勸募。現今主仍願為真理的事工，去感動那些擁有祂的財物之人的心；故凡為祂效力的人，都應利用祂激勵人供給的幫助。這些贈禮可能打開傳福音的門，使真理的光得以照耀許多黑暗的地方。捐助的人或許不信基督，也不熟悉祂的道；但我們不能因此而拒絕他們的捐贈。

現在上帝的工作要迅速進展，祂子民若願意回應祂的呼召，祂就必使那些有資產的人樂意捐獻，以便祂在地上的工作得以早日完成。「信就是所望之事的實底，是未見之事的確據。」（**希伯來書 11：1**）上帝的子民只要相信祂的話，就必得著所需要的產業，足使他們能在那些等候要聽福音的大城市中作工。

接受外來的奉獻

你詢問有關從外邦人或異教徒中接受奉獻是否適宜，這問題並不稀奇；但試問我們這世界是誰的呢？誰是房屋和田地的真正主人？豈不是上帝嗎？祂已把世上豐富的東西交在人的手中，藉此使饑餓者有糧，赤身者得衣著，無家者可得棲身之所。上帝會催促世人，甚至是拜偶像的人，都要把豐厚的東西拿來維持那工作；我們只要動動腦筋，接觸他們，並給予機會去做那些他們有特權要做的工作，那麼，他們若要奉獻，我們也當有權收取。

我們應要認識有地位的人，藉著運用靈巧像蛇和馴良像鴿子，就能從他們那裏獲得利益，因上帝會感動他們的心，去為祂的百姓做很多的工作。若有合適的人，能清楚地把上帝工作的各種需要，告訴那些有財有勢的人，他們也能在這世界裏，為推展上帝的聖工而大有作為。因為我們離群獨處，就失去了那本來可以獲取利益的特權與機會了；但是，我們利用每一機會來推廣上帝的聖工，也不必犧牲任何的真理原則。

CEO
Counsels on Stewardship

37 上帝預備道路

若把上帝聖工的需要清楚地告訴那些有權勢的人，他們是會為推進現代真理的事工而作出貢獻的。上帝的子民若是選擇離群獨處，就會失去許多可能獲得利益的機會。

在上帝的神旨中，我們每日都要與未悔改的人接觸。上帝為了要使祂的工作迅速發展，就親自用祂的右手，在我們面前開路。我們既與祂同工，就有一項神聖的工作要做，就是要為那些在高位上的人辛勞，向他們發出恩慈的邀請，來參赴娶親的筵席。

現今這世界幾乎全部落在惡人的手中，但這地球和其中的珍貴財寶，仍屬於上帝。「地和其中所充滿的……都屬耶和華。」（詩篇：24：1）啊！惟願基督徒們更充分地了解他們的權利和責任，就是一方面要固守正當的原則，同時在另一方面卻要利用每一天賜的機會，在此世推展上帝的國度！

受聖靈感動而奉獻

醫療傳道士所作的佈道聖工，是與其他傳道同工們所作的一樣高貴。這些人所服務的，不限於一般貧苦民眾。然而上流社會的人士卻被忽略了，因為真理是不分貧富的，只帶有福音的高尚品質之標記，

所以在上流人士中，也會有許多人要接受它。並且從這樣得來的有才幹的人，將有不少人會毅然參加主的聖工。

主呼召那些負責任、有地位、已蒙祂賦予寶貴恩賜的人，運用他們的才智及金錢為祂服務。教會職工當在這些人面前，簡明地指出教會工作的計畫，告訴他們教會需要什麼來幫助貧苦缺乏的人，以及怎樣建立這種工作於穩固的根基上。其中有些人要受聖靈的感動，將上帝所賜予的資財，用來投資推進主的聖工。他們會在大城市中幫助設立感化人的中心機構，以成全主的旨意。

對富有人的呼籲

這世界正待警告，但我們卻疏於呼召富有的人，在這工作上援助我們，對教友或非教友都是如此。我們願所有自稱基督徒的人，能和我們站在一起，並一心一意慷慨地協助我們，在這世界上建立上帝的國度。我們應呼召高貴而善良的人，協助我們這群基督徒的奮力工作。他們應被邀請，來贊助我們尋求及拯救失喪之人。

上帝將會開路

時候愈來愈艱難，要獲得錢財殊非容易；但是，上帝會打開在我們以外的資源，為我們這群百姓開路。我不明白為何有些人會反對收取與我們信仰不同之人所作的奉獻，只有極端看法的人才會這樣做，他們無權引起這種爭論。這是上帝的世界，祂若感動人心，使原先在仇敵掌中的田地轉入我們的手中，令那信息能在更遙遠的地域裏傳揚，那麼，人為何因他們狹窄的觀念而阻塞道路呢？這樣做實是有害無益的；聖靈沒有引領人朝這方向走。

歸主的媒介

為何不向外邦人求助？我已得蒙指示，世上有許多男女是有同情心的；當受苦之人的需要擺在他們面前時，他們便會受感動而生出同情心。

世上會有些人為了辦學校和醫院而奉獻金錢，這事已清楚地指示給我了，我們的工作應當是積極和勇往直前的。金錢原是上帝的，對富人的態度若合宜的話，上帝會感動他們，把金錢捐獻出來。上帝的錢正落在這些人的手中，其中有些人會注意到希望協助的呼求。

要談論這事，並要盡你一切的能力來獲取捐款，切勿認為向世人要求錢財是不合適的，其實這正是我們所要做的工作。這計畫指示給我，要作為接觸世上富人的方法，使得他們有不少的人因關心這事，而能聽聞及相信現代的真理。

CEO
Counsels on Stewardship

38 善工運動

在我們從事任何實施的計畫中，把現代真理的知識和上帝如何奇妙地供應及興旺祂聖工介紹給別人之前，首先要把自己全然獻身給祂，也要為那些我們準備要拜訪的人懇切祈禱，並藉活潑的信心，把他們逐個帶到上帝的面前。

上帝知道人的思想和意圖，祂是多麼容易就把我們軟化！祂的聖靈真像火一般能制服那橫梗的心啊！祂能使心靈充滿愛和溫慈啊！又賜予聖靈的恩典，使其適於參與救靈的工作啊！在今日的整個教會中，應當感覺到恩典得勝的能力。只要我們留意基督給祂信徒的勸勉，便可感覺到的。當我們學習如何增進救主基督聖道的優美時，就必然得見上帝的救恩。

對那些拿著為善工運動而預備刊物去進行特別佈道工作的人，我願意說：「要殷勤努力，並在聖靈引導下生活，每日要增進基督徒的經驗。讓那些有特別才能的人去為高低貴賤的人工作，勤於尋找失喪中的生靈。」啊！試想想基督是如何熱切地盼望那些迷羊能重返祂的羊欄！

當留意生靈，因他們要交帳。在你的教會和鄰近的佈道工作中，讓你的光發出清晰而穩定的光線，免得在審判之日，有人會站起來說：

「為什麼你沒有把這真理告訴我？你為何不關心我的靈性呢？」

因此，我們要勤於散發這些細心準備，專為那些沒有聽到福音之人的書刊。讓我們善用每一機會，去吸引非信徒的注意，讓我們把書刊放入每一願意接受之人的手中，讓我們獻身去傳揚這信息：「在曠野預備耶和華的路，在沙漠地修平我們上帝的道。」（**以賽亞書** 40：3）神人要合作，使用各樣的工具來完成這偉大的目標，現在就是我們盡責的日子。「聖靈和新婦都說來，聽見的人也該說來，口渴的人也當來，願意的都可以白白取生命的水喝。」（**啟示錄** 22：17）

雙重努力的果實

在上帝的眷佑之下，那些背負祂工作重擔的人，曾經致力於為舊式的工作加添新的活力，同時也要發明新的計畫和方法，喚起教友們的關注，而採取聯合的行動來拯救世人。其中一項接觸非信徒的新計畫，就是善工運動。於過去的幾年中，在許多地方都證明這是成功的，它不單能把福氣帶給許多人，又能增加區會庫房的收入。那些與我們信仰不同的人，既聽聞第三天使信息在異教之地的發展，他們的同情心就被喚起，於是，便有一些人追求那具改變人心能力的真理。各階層的男女都被接觸，而上帝的聖名也獲得尊榮。

在過去幾年中，我曾表示贊成一項計畫，就是把我們教會的工作和進度情形，介紹給我們的朋友和鄰舍，我又舉出尼希米的事例。現在我願懇求弟兄姐妹，重新思考這位有信心、常常禱告、具精明判斷之人的經驗，他大膽地要求他的朋友亞達薛西王，來幫助推展上帝的聖工。我們要明白，當教友們把我們的工作需要告訴別人的時候，他們惟有如同昔日的尼希米一樣要與上帝接近，常與那眾光的賜予者保持緊密的聯合，才能把光返照給別人。我們若要贏取別人從錯謬中歸於真理，自己就必須在真理的知識上立穩根基。現今我們就要殷勤查考《聖經》，這樣，當我們與非信徒交往之時，就可向他們高舉那位受膏、被釘十架和復活的救主，也是先知和眾信徒所見證的，因祂的名我們的罪才得赦免。

CEO
Counsels on Stewardship

Counsels on Stewardship

各人要照所得的恩賜彼此服事，
作上帝百般恩賜的好管家，
祂必將各樣的恩惠，多多的加給我們。

第八篇

蒙悅納奉獻的真正動機

39 一切服事的真正動機

在基督的時代，法利賽人仍繼續企圖賺得上天的寵眷，以獲致他們所視為德行的褒賞，就是屬世的尊榮與興盛。他們也在民眾面前炫示自己的善行，旨在博取眾望，而獲得聖善的虛譽。

耶穌譴責他們虛飾誇張的行為，並宣稱上帝絕不認可這一類的服務；他們所能獲得的唯一報償，就是他們所十分熱切尋求來自民眾的諂媚與讚譽。

祂說：「你施捨的時候，不要叫左手知道右手所作的；要叫你施捨的事行在暗中；你父在暗中察看，必然報答你（**有古卷作：必在明處報答你**）。」（**馬太福音 6：3 — 4**）

耶穌這番話，並非教我們行善時，要經常守秘密。使徒保羅受聖靈感動之下寫信時，並沒有忽視那些馬其頓基督徒所作慷慨的克己犧牲，乃述說基督在他們身上所施的恩典，因而使他人也感染了同樣的精神。他也寫信給哥林多教會說：「你們的熱心激動了許多人。」（**哥林多後書 9：2**）

基督自己的話足使祂的意義明白易曉——善行的目的不應為博取人的讚譽與尊敬。真正的虔誠從不存有慫恿炫耀的意圖。凡貪慕

稱讚與恭維的話，並以之為甘美食物的人，不過是虛有其名的基督徒而已。

基督的信徒不要藉著他們的善行來榮耀自己，乃要榮耀那位因祂的恩典與力量使他們得以行善的主。每一項善工皆藉聖靈才能成全，而聖靈的賜下，並非為榮耀領受者，乃為榮耀賜予者。當基督的光照耀在心中時，口裏就必充滿了讚美感謝上帝的話語。你的祈禱、你的盡職、你的善行、你的克己，就不再是你思想與談話的主題了。耶穌必被尊為大，自我必隱匿不現，而基督必顯然是在萬物之上，為萬物之主了。

我們施捨宜出於摯誠，並非表彰自己的善行，乃因憐恤與愛護那些受苦的人。誠懇的宗旨和真實的愛心，乃是上天所重視的動機。愛心真誠，信仰專一的人，上帝視之比俄斐的純金更為寶貴。我們不要只想及賞賜，而是要想到服務。

捐獻的動機被記錄

我蒙指示：掌管記錄的天使忠實地記載了每一筆獻與上帝而存入府庫中的捐款，以及如此奉獻的款項所有最後的結果。上帝的慧眼辨明每一個獻與祂聖工上的小錢，以及捐獻者的樂意或勉強的心意。甚至連捐獻的動機也記載下來了。那些克己和獻身的人，他們依照上帝的要求，把祂的物歸還給祂，將來必依照他們的行為而得到褒賞。

比同情更高的動機

這敗壞世界的道德黑暗情形，呼籲男女基督徒要盡個人之力，出錢出力，以便能與基督的形像同化；祂本有無窮的富足，卻為我們成了貧窮。人若有了上帝所賜的真理信息，而仍需要被力勸，才能感覺自己有與基督同工的責任，上帝的靈是不能與這等人同居的。使徒鄭重說明，施捨的本分應出於更高尚的動機立場，而不是僅因感情被激動而發的惻隱之心。他極力主張我們當著眼於上帝的榮耀，作為無私服務的原理。

愛，行為的原則

務須以愛為行為的原則。愛是上帝在天上地上施政的基本原則，它也必須作為基督徒品格的基礎。惟有愛能使人堅毅不拔，惟有愛能使人經得起考驗與試探。

愛也必會在犧牲上表現出來。救贖的計畫原是建立於犧牲上的——這種犧牲的長闊高深，是無法測度的。基督會為我們捨棄一切，因此，凡接受基督的人也必甘心為救贖主的緣故而犧牲一切。應當將祂的尊貴與榮耀放在任何事物之前。我們如果愛耶穌，我們便樂意為祂而活，並將我們感恩的供物獻給祂，為祂效勞。這樣的勞力必是輕省的。我們要為祂的緣故樂於忍受痛苦、勞碌與犧牲。我們也必同感於祂救人的心願，並要像祂一樣渴慕得人。

這就是基督的宗教，凡與此不符合的就是虛假的。單憑真理的理論或口頭上的承認為門徒，並不足使人得救。我們若不完全屬於基督，就不是屬祂的人。人們的宗旨不能堅定，願望常有更改，這就是因為他們在基督徒的生活上不冷不熱之故。人若想要同時事奉基督又事奉自己，便要成為石頭地的聽眾，在考驗來到時，一定忍受不住的。

40 樂意捐

我們所做的一切事都要甘心樂意去做，要存著歡喜與感恩之心來獻上我們的捐款，當我們奉獻時且說，我們把從你而得的，樂意獻給你。我們所能做的最有價值的服務，若與上帝所賜給世人的禮物作比較，真是微不足道了。基督是每日的恩賜，乃是上帝送給世界的禮物，祂卻為了發展世上的工作，而慈祥地接受上帝所託付給人類的一切禮物；為此，我們就應顯示出絕對完全的認可並感謝屬上帝之每一事物。

出於愛心所獻的禮物，上帝是樂於重視的，且使它發揮最高的效能來為祂服務。如果我們已經獻上我們的心給耶穌，也要奉獻禮物給祂。我們要把我們的金銀、最寶貴的屬世財物，以及我們最高尚的心志與靈性，慷慨地奉獻給那位愛我們，並為我們捨己的主。

感恩和贖罪的捐獻

要存著充滿感恩的心來到上帝的面前，感謝祂在過去及現在的恩典，也要為上帝所賜的豐盛而表示感激，並且把感恩捐、樂意捐和贖罪祭奉獻給祂。

勉強的奉獻是蔑視上帝

上帝已使用人施行救濟，也要他們在推展祂地上國度的偉大工作上與祂合夥；但他們卻可能會追隨那不忠僕人的行徑，以致失掉所賜予的最珍貴特權。在數千年以來，上帝都藉著人作工，但祂也按著祂的旨意，清除那自私、愛錢財和貪婪的人。祂既然能夠不依賴我們的金錢，亦不受人的限制；那麼，即使我們不參與工作，祂也能令聖工繼續下去。但是，在我們當中，誰會高興讓上帝這樣做呢？

若是出於勉強，倒不如完全不捐；因為我們若不存著甘心樂意的精神來奉獻我們的錢財，這就是輕慢上帝。當記著：我們所與之交往的，就是我們依賴祂供給每一福氣、洞悉人心和一切意念的上帝。

樂意的捐獻者得蒙悅納

「少種的少收，多種的多收，這話是真的。各人要隨本心所酌定的，不要作難，不要勉強；因為捐得樂意的人，是上帝所喜愛的。」（哥林多後書 9：6 － 7）我們如果以這勸勉的精神來行事為人，就可邀請那聖者來查閱我們今生行事的帳目；我們就會感到所奉獻的，只是上帝所託付的禮物而已。

我們一切的奉獻都應出自甘心樂意，因這些財物，乃是上帝認為合宜放在我們手中，為的是要在世上推進祂的工作，使真理的旗幟能在大街小巷上招展。倘若所有承認真理的人，都在十分之一和捐款方面把上帝之物歸還祂，這樣，上帝的家便有糧。行善的工作不能再依賴那些出於感情衝動的無定禮物了，也不能隨人的情緒而隨時變更。上帝的要求會受到歡迎，祂的聖工也被視為配得祂託付我們手中錢財的一部分。

每一位忠心的管家將如何渴望，增加他存放上帝庫府中奉獻的比率，而不作絲毫的減少。他所事奉的是誰呢？捐款是為誰預備的呢？——就是他所依賴，賜下各樣美物供他享受的那一位。故此，莫讓我們這些領愛基督恩典的人，惹起天使因我們而覺羞愧，或惹起耶穌因稱呼我們為弟兄而覺可恥。

要令忘恩負義之心增長嗎？要在為上帝聖工捐獻上吝嗇嗎？——不！不！我們要把自己當作活祭獻上，將一切所有的獻與耶穌。這原是祂的，我們是祂贖買的產業。那些領受祂的恩典和默想髑髏地十字架的人，將不會對捐獻的多少發生疑問，只覺得最貴重的奉獻都是微不足道，實在無法與永恆上帝之獨生子的偉大禮物比較。藉著克己，最貧窮的人也會有辦法，把一些東西歸還給上帝。

CEO
Counsels on Stewardship

41 一般常用的呼籲方法

我們看到今日的教會，為了籌募款項，就舉辦聚餐、園遊會、舞會和慶祝會，因此而鼓勵了宴樂、暴食、放蕩。這是人想出來不必犧牲的聚財方法。

這樣的事情對青年人的思想會產生影響，他們會注意到那些彩票、園遊會和博彩遊戲獲得教會的認可，而被這些籌款方法所吸引。青年人常被試探所包圍，他會進入保齡球場和賭館，要看看這些遊戲，同時也見到贏錢的人把錢拿去，真具有誘惑力；這種賺錢的方法，比堅忍勞力和實行嚴厲的節約容易得多。在這事上他認為是無害處的，因教會也是為了獲取利益，而使用類似賭博性的遊戲，這樣，他為何不利用這個方法來幫助自己呢？

他有一點點的錢，就想要冒冒險，碰碰運氣；希望可以帶來一筆財富。不論輸贏也好，他已走上了毀滅的道路，然而，這是教會的榜樣領他誤入歧途。

殘破不全的奉獻

我們要遠避這一切在教會中的腐敗、放蕩、和慶祝會…等，以免會對年輕人至老年人發生不良的影響。我們無權因這些錢是要為教會

而用，就以神聖為藉口，竟把他們置之不理。這樣的奉獻是殘破不全的，並帶來上帝的咒詛，犧牲了生靈為代價。講臺可能被用作維護那些因教會籌款而舉辦的慶祝會、舞會、彩票、園遊會、荒宴，但我們不要參加，否則，會招致上帝的不悅。利用口腹之慾或世俗的娛樂，進行誘惑自稱基督徒的人，來奉獻上帝所託付的金錢，我們是不會推薦的。倘若不是因愛基督之故而甘心情願地奉獻，那捐款絕不為上帝所收納。

品格被破壞

死亡披著天上的外衣，潛伏在年輕人的道旁；罪惡也被教會的神聖，鍍成了金色。在今日的教會中，各式各樣類似的娛樂，已毀壞了數以千計的人，他們本可保持正直，成為基督的信徒。教會時髦的慶祝會和戲院的表演，已造成品格的敗壞，還有數以千計的人將要遭毀滅，可是，人尚未注意到這些危險，或是在施行時的可怕影響。許多青年男女已在這些腐敗的影響中，喪失了他們的靈命。

為了自私的理由而奉獻

在聲稱基督徒的聚會中，撒但給虛妄的快樂和不敬虔的狂歡飲宴，披上了宗教的外衣，使它們有神聖的外表；又因能籌募金錢來支付教堂的開支，就有許多人置良心於不顧了。人拒絕了因愛上帝而奉獻，但卻自私地愛宴樂和放縱食慾，他們捨得為這樣的活動而花費他們的錢財。

基督在有關慈善的教訓方面、在祂的榜樣中、以及上帝引導人心以財物榮耀祂的事上，是否欠缺了能力，以致用此種方法來維持教會？這樣的娛樂和暴食，對體力、智力和道德方面的健康，都會造成不小的傷害。到了最後結算的大日，就會顯出那些受狂歡和愚妄所影響而失喪的人來。

這是一件可悲的事，就是神聖和永恆的事物，在自稱為基督徒樂意奉獻的事上，竟比不上荒宴和歡樂嬉戲。這些誘惑盛行，而神聖和永恆的事物卻不足以影響心靈去參與慈善的工作，這真是一件令人傷痛的事實。

摩西沒有發行彩票

摩西在曠野籌募款項的辦法是非常成功的，他沒有用勉強的方法，沒有開盛大的宴會，也沒有請人來參加園遊會、跳舞和一般娛樂的集會；更沒有發售彩票，或用這一類的世俗化方法，來籌募建造上帝會幕的經費。耶和華指示摩西，勸勉以色列人把他們的禮物送來。凡出於甘心樂意奉獻的禮物，摩西必收納。結果百姓獻上的禮物綽綽有餘，以致摩西宣告足夠了。他們必須停止奉獻，因他們所送來的禮物已超過所需用的了。

撒但利用放縱享樂和食慾這一方面，對宣稱基督徒所施行的試探是成功的。他披上了光明天使的外衣，並引用《聖經》來為他放在人前的試探辯護，就是滿足人心的食慾，以及世俗的享樂。那些自稱基督徒的人在道德力上軟弱，他們被撒但向他們所呈獻的賄賂所吸引，於是他便獲得勝利了。

上帝如何看那些用這樣錢財來維持教會的人呢？基督不能接受這些捐款，因為他們不是出自愛心和對祂獻身，而是對自我崇拜。但有許多人不願因愛基督而做，卻只是為了眼前的奢華、口腹之慾和世俗的享樂，換言之，就是要為尋歡作樂而做。

再犯拿答和亞比戶的罪

自稱基督徒的人，既然拒絕上帝為祂工作籌款所訂下的計畫，他們如何能補足那缺欠呢？上帝看到他們採納罪惡的方法：為了向愛宴樂的人贏取些錢財，用來償還教堂的債務，或用來維持教會的工作，崇拜場所甚至被他們弄得一塌糊塗。他們當中有許多的人，不會自願拿出一分錢來作宗教用途。在上帝所賜有關維持祂聖工的指示中，何處有提及慈善市場，娛樂市場，以及類似的遊藝娛樂呢？上帝的聖工是否仰賴祂聖言所禁止的事物——就是使人心轉離上帝、節制、敬虔和聖潔的東西呢？

不信者有何看法？上帝聖道的聖潔標準被降如塵土。上帝和基督徒的名聲都受羞辱。這種不合《聖經》教訓的籌款方法，只是鞏固那些最腐敗的原則，這正是撒但所要達成的。人們正在重犯拿答和亞比戶的罪，他們使用凡火而不用聖火來獻祭，上帝絕不會接受這樣的奉獻。

這一切聚集款項送交祂庫房的方法，都是祂所憎惡的，只有偽造敬虔者才會想出這種設計。啊！這些自稱為基督徒的人，是多麼的盲目和愚蠢，教友們所做的，如同挪亞時代的居民一樣，他們心中所想的一切，盡都是惡。所有敬畏上帝的人，都要痛恨這樣的作為，並視之與耶穌基督的信仰不符。

缺乏深度原則的慷慨

傳道人可能會受到一些富人所特別喜愛，他對傳道人或許會十分慷慨。這事令傳道人滿意，於是他大事稱讚捐款人的慈善行為，他的名字甚至被印出來而受褒揚。然而，這慷慨的施主卻可能完全配不上這一切給他的榮譽。

他的慷慨並非出自深刻的原則，即是要善用金錢，要因愛上帝而推展祂的聖工，卻只是出自他自私的動機，故意博取慷慨的名聲。也許是憑感情衝動而奉獻，所以他的慷慨並無深刻的原則；或者因聽聞動人的真理受到感動，而暫時掏腰包，但是，他的慷慨畢竟是缺乏深刻的動機，只是作間斷性的奉獻，錢包也是偶然打開，隨即緊緊閉合起來。他不配受讚揚，因在《聖經》的意義上，他十足是個吝嗇的人罷了，除非能夠徹底地悔改，否則會聽見苛酷的指責：「嗐！你們這些富足人哪，應當哭泣、號啕，因為將有苦難臨到你們身上。你們的財物壞了，衣服也被蟲子咬了。」（**雅各書** 5：1－2）

最後這樣的人會從可怕的自我欺騙中驚醒過來，而那些讚揚間歇性慷慨的人，就是助長撒但欺騙他們自己，以為他們是非常慷慨和犧牲很大，其實他們連慷慨或犧牲的原則都不曉得。

CEO
Counsels on Stewardship

Counsels on Stewardship

各人要照所得的恩賜彼此服事，
作上帝百般恩賜的好管家，
祂必將各樣的恩惠，多多的加給我們。

第九篇

追求屬世的財物

42 貪心的危險

上帝的許多子民受著世俗精神的迷惑，正用他們的行為來否定他們的信仰。他們致力於貪愛金錢、房屋和田地，直到整個人和心思的能力都被吸引去了，連那愛創造主和基督的心也被封閉了。這世界的神弄瞎了他們的眼睛，永恆的利益竟成了次要，並盡心竭力來增加屬世之財物。這一切積累的憂慮和重擔，都是直接干犯基督的命令，祂說：「不要為自己積攢財寶在地上，地上有蟲子咬，能朽銹壞，也有賊挖窟窿來偷。」（**馬太福音** 6：19）

他們忘記了祂也曾說過：「只要積攢財寶在天上。」這樣做全是為了他們的好處。存放於天上的財寶是安全的，那裏沒有賊能接近，也沒有蟲咬壞；但是，他們若將財寶存放在地上，他們的心也與它在一起。

基督的勝利

基督在曠野曾經遭遇過撒但的猛烈攻擊，祂就在那裏單獨地與那狡詐的仇敵對抗，並勝了他。第一個大試探是關乎食慾，第二個是神兒子的名分，第三個則是貪愛世界。撒但將世上的王權和國度，以及其中的榮華都要獻給基督；他帶著屬世的尊榮、財富和人生的享樂，以極其吸引人的金輝閃耀方式，進行誘惑與欺騙。「你若俯伏拜我」，

他對基督說：「我就把這一切都賜給你。」然而，基督卻拒絕了狡詐的仇敵，而獲得勝利。

人絕不會遇到比基督更有力更大的試探，但撒但仍然成功地接近他們。「所有這些金錢、利益、田地、權力、榮譽和財富都要送給你」——為什麼呢？撒但甚少像對基督般說得那樣清楚——「你若俯伏拜我」。他只要人放棄正直、令良心痲木，便感滿足。他使人專注於屬世的利益，以期獲致所要的尊崇。門戶敞開任他進入，卻造成暴躁、愛自我、驕傲、貪婪和欺詐等一連串惡果。人被迷惑，並危險地被誘向滅亡。

基督的榜樣擺在我們面前，祂勝過了撒但，表明我們也可照樣得勝。基督是以《聖經》來抵禦撒但的，祂大可藉助於祂本身的神聖能力，以及用祂自己的話說，但祂卻說：「經上記著說：『人活著不是單靠食物，乃是靠上帝口裡所出的一切話。』」（**馬太福音 4：4**）基督徒若研讀並遵循《聖經》，便堅強起來，足以抵禦那狡詐的仇敵；但是，上帝的道卻被忽略，災禍與失敗便接踵而來。

年輕的官長

一名青年到耶穌那裏，說：「良善的夫子，我該作什麼善事，才能得永生？」耶穌吩咐他守誡命，他回答道：「這一切我都遵守了，還缺少什麼呢？」耶穌看著他就愛他，於是直接指出他在遵守神聖律法上的所有缺欠。他沒有愛鄰舍如同自己，他的缺點是自私地貪愛錢財，若不糾正就不能進入天國。「你若願意作完全人，可去變賣你所有的，分給窮人，就必有財寶在天上；你還要來跟從我。」（馬太福音 19：16，20 — 21）

基督要這青年明白，祂只不過是要求他跟從祂的榜樣，即是天上的主所立下的楷模；祂捨棄了財富與尊榮，變成貧窮，以便人可藉祂的貧窮成為富足。為了這些財富的緣故，祂要求人放棄地上的財產、尊榮和享樂。祂知道人若思念地上的事，他們便會與上帝隔離；於是，祂對那青年人說：「去變賣你所有的，分給窮人，就必有財寶在天上；你還要來跟從我。」他聽了基督的話有何反應？是否為了要得天上的財寶而高興呢？啊，不！他「聽見這話，就憂憂愁愁地走了，因為他的產業很多。」對他而言，財富就是尊榮與權力；他的財富這樣眾多，看來要把它們賣掉幾乎是不可能的。

這個愛世界的人期望得天國，但又要保留他的財富，結果為了金錢和勢力，竟然拋棄永生，啊！多麼悲慘的交易！然而，許多自稱遵守全部誡命的人，也是如此。

這就是財富對貪財之人的危險，他所賺得愈多，愈難於慷慨；要減少他的財富，就好像要他的性命。他為了要保存和增加在地上的財物，而轉離永恆賞賜的吸引。他若遵守誡命，他在地上之財物就不會那麼多了。他怎能千方百計為自己爭取，同時又能盡心、盡意、盡力愛上帝，並且愛人如己呢？他若已把必需品按需要分給窮人，便會更快樂，也會存更多財寶於天上，而存較少在地上，免得他思念地上的事。

對上帝負責

保羅說：「無論是希臘人、化外人、聰明人、愚拙人，我都欠他們的債。」（**羅馬書 1：14**）上帝已把祂的真理啟示給保羅，這樣做，就使他欠了那些在黑暗中等待光照者的債。但有許多人並不認識他們對上帝的責任，他們擁有上帝所賜的才幹，又有思想的能力，若能循正確方向使用，便可與基督及其天使同工。很多生命會藉他們的努力而得救，並像星辰般閃爍在他們的冠冕上。可是，他們對這一切都漠不關心。撒但會設法利用世間的吸引力，成功地將他們捆鎖，並削弱他們的道德力。

關乎將來命運之得失

屋宇和田地怎能與用基督贖價買來的生命來比較呢？親愛的弟兄姐妹們，藉著成為上帝器皿的你，這些生命會在榮耀的國度裏與你一同得救，而你卻不能把極微小的地上財物帶到天國。只管儘量獲取地上財物吧！並盡你一切所能，將它據為己有，然而，上帝的天命既發出，只在幾小時內，那無人能撲滅的火，便會將你一生的積蓄燒盡，只剩下冒煙的灰燼而已。儘管把你一切的才能和精力，用來積攢財寶在地上，然而生命一旦結束或耶穌再來時，這些東西對你有何益？你如何在這些世俗的尊榮與財富方面被抬舉，以致忽略了屬靈的生命，照樣，在那位大審判者之前，你在道德價值方面亦會下沉至相對的地步。「人就是賺得全世界，賠上自己的生命，有什麼益處呢？」

上帝的震怒會落在那些事奉瑪門而不事奉創造主之人的身上，但那些為上帝和上天而活的，並向別人指出生命之道者，將會發現義人的路好像黎明的光，愈照愈明，直到日午。再過不久，他們便會聽聞那歡迎的話：「好，你這又良善又忠心的僕人，可以進來享受你主人的快樂。」基督的快樂，就是看到生命得救，並進入祂榮耀的國裏；為了這快樂，祂「就輕看羞辱，忍受了十字架的苦難，」但很快，「祂必看見自己勞苦的功效，便心滿意足。」那些曾分擔祂工作之人，竟能獲准分享祂的快樂，該是多麼的高興啊！

撒但迷惑人的魔力

撒但故意把世界顯得非常可愛，甚至在自稱為基督徒的身上，也有魔力勾迷他們的情意。許多自稱為基督徒者，不顧任何犧牲以求財利；他們愈是要達到此項目的，那愛寶貴真理地心便愈少，並對聖工的推進也愈少關心。他們失去了愛上帝之心，行動如瘋如狂；他們在財富上愈發達，投資於上帝的聖工上就愈少。

從那些利令智昏之人的行為上，可以證明人是不能事奉兩個主，不是上帝就是瑪門（金錢）。他們向世人顯出他們的神就是金錢。他們敬拜金錢的魔力，並盡心盡意去事奉世界。貪愛錢財的慾望控制住他們的心思，他們就會干犯上帝的律法。他們可能自稱是信奉基督教，而對於基督教訓之勸勉與原理，卻不喜愛，也不聽從。他們把最好的精力用以事奉世界並向瑪門下拜。

說來真是可怕，世上竟有這麼多的人受撒但的迷惑，晝思夜想，大打如意算盤。他們如癡如醉，以為擺在他們面前的，就是真正的幸福了。他們因要得著尊榮、財富和地位，便受迷惑，撒但對他說：「我把一切都賜給你，一切權力，一切財富，這些都可使你的同胞得著益處的。」然而，到了他們獲得辛勞所得東西之時，卻與捨己為人的救贖主脫離關係了；他們未與上帝的性情有分。他們緊握著地上的財利，輕視所要求的克己犧牲和為真理所存的謙卑。他們的心放在地上的財寶上。他們更換主人，接受瑪門來代替基督。這些入了迷惑的人，正是在愛戀財富上敬拜了撒但。

這種從聖潔而轉為世俗的改變是極難察覺的。撒但的權力是這樣迷人，這樣詭詐，以致人在不知不覺中已離開基督，除了徒具信徒虛名外，不再是祂的僕人了。

轉離了先鋒們的克己犧牲

曾有一個時期，只有少數的人聽聞和信奉真理，而他們都是沒有很多此世財物。這樣，其中一些人就要賣他們的房屋和田地，改住更低廉的，然後把他們的金錢用作傳揚真理，或協助推展上帝的聖工。這些犧牲者忍受窮乏之苦，但若能忍耐到底，所得的賞賜將會是大的。

上帝一直在感動許多人的心，少數人為真理所作重大的犧牲，這真理已獲得勝利了，俾使千萬的群眾能緊牽著它。在上帝的旨意之下，有錢人被帶進真理，因此聖工有所增長，各樣的需要也得蒙補給。現今上帝並不呼召祂的子民奉獻你們需要居住的房舍，但那些富有的人，若不聽從祂的聲音，也不根絕世俗的事物和為上帝犧牲，祂便會越過他們，傾向那些願意為耶穌做任何事情、甚至又賣他們的房屋來供給聖工需要之人。上帝將會獲得樂意的捐款，那些捐獻者必定會感到這是他們的特權。

上帝的百姓正在全宇宙之前受考驗，但他們吝嗇的禮物和捐款，以及在事奉上帝方面所作的微弱努力，使他們成為不冷不熱，倘若目前的些微成就已是他們克盡一切的能力，他們就不會被定罪，反而藉著他們的資源，能有更大的作為。他們知道，而世人也知道，他們已大大失去了克己犧牲和背負十架的精神。

各人都受試驗

馬太是個財主，安得烈和彼得都是窮人，然而他們各人所受的考驗都是一樣的;所表現獻身的誠意也沒有分別。正在他們成功之時，正當網中滿了魚和舊生活的吸引力最強之時，耶穌卻叫那兩個海邊的門徒撇下一切，來為福音的工作服務。照樣，每一個人也必須經過考驗，要看看在他的心中，究竟是屬世利益的慾望強呢？抑或是跟從基督的心願強。

公義的原則總是絲毫不變的，人若不全心全意地去做上帝的工作，就不能成功。他必須將萬事當作有損的，而以認識主耶穌基督為至寶。人若不願毫無保留地把自己完全獻上，就不能作基督的門徒，更談不上與祂同工了。人若能領略救恩的偉大，則在基督生活上所表現之自我犧牲的的精神，必在他們的生活上表現出來。無論基督領他們到哪裡，他們都會欣然跟從的。

CEO
Counsels on Stewardship

43 試圖事奉上帝，又事奉瑪門

追求屬世的利益，有損失一切的危險；因為求財心切，就會把更崇高的事物忘掉。在地上積聚財寶，便會產生憂慮與愁煩，再沒有時間或心思來衡量永久財富的價值了……「因為你的財寶在哪裏，你的心也在那裏。」你的思想、計畫和動機變成世俗化，你的靈也會因貪婪和自私而受到玷污。「人就是賺得全世界，賠上自己的生命，有什麼益處呢。」

人的心是聖靈的居所。屬於基督出人意外的平安，可以常住在你的心中；祂恩惠的變化之能，也可以在你的生命中運行，使你配得進入榮耀天庭。但你的身心全用在自我服務，那麼，上帝和天國就不是在你的人生中第一件重要的事。既然已把一切的精力置於世俗的一邊，就不能把基督的恩典交織於你的品格中。也許你會成功地把財寶積聚於地上，並榮耀了自己，然而「你的財寶在哪裏，你的心也在那裏。」永恆的事物便會變成次要，雖然你仍可在外表上參與崇拜，可是，這樣的敬拜卻是在天上的上帝所憎惡的。你不能同時事奉上帝和瑪門，若不是把心思和意志降服於上帝這一邊，就是把你的精力用來事奉世界。三心兩意的事奉，上帝是不會接受的。

持久的財寶抑或是南柯一夢

基督呼召祂教會的教友們，要珍視福音中的確實與真純的希望。祂對他們指向上面，並清楚地向他們保證說，持久的財寶是在天上，而不是在地上；他們的希望是在天上，而不是在地上。「你們要先求祂的國和祂的義」，祂說：「這些東西」——為你好處的一切重要東西——「都要加給你們了」。

此世事物令許多人的視線模糊不清，以致不能看見那要賜給聖徒的永遠榮耀。他們無法分辨確實、真純和持久的財寶，與那些虛假、贗造之泡影，有什麼不同之處。基督懇求他們把眼前遮蓋永恆事物的東西移去，這就是祂堅持要移去那造成幻影與實物混淆的緣由。上帝懇求祂的子民把身、心、靈的力量，用作從事祂所期望的服務，並要他們知悉今生的財富和利益，實不足以跟永恆的財富作比較，這原是為殷勤追求永生的人而設的。

全神貫注於追求財富

那仇敵現正像洪水之前般堅忍地作工，他利用各樣的生意計畫和發明，致力使人全神貫注於此世事物上；並用盡一切的才智，為要使人作出愚蠢的表現，令人專注於商務事業，而危及他們永生的盼望；又設計各樣發明，使人的生命陷於危險。人們既隨從他的領導，就會照他所設計的去行，因而變成全神貫注於追尋地上的財富和權勢，以致全不留意「耶和華如此說」的話了。

撒但看到自己能成功地使人心轉離、那與永生有關的嚴肅和尊貴之事物，而歡欣狂喜。他極力把上帝的思想擠出人心之外，並以世俗和商業精神取代之。他期望這世界能常處於黑暗之中，並要人忘記上帝和天國，又盡他所能管轄一切的生靈，這就是他的精心設計。在最後，他還提出各樣的事業和發明，來佔有人的注意力，使之沒有時間思念天上的事物。

上帝的子民，現今必須要醒起來，進行他們所忽略的工作。我們必須使用一切的心思能力來策劃，不遺餘力地宣揚在耶穌裏的真理，簡明而又有力地使人心大受感動。當我們計畫工作的時候，要儘量用省錢的方法，因為這工作必須擴展至更遙遠的區域。

得自猶大的教訓

猶大本來有高貴的品質，但在他得救之先，必須把品格上的一些特性除去。他需要重生，不是從能壞的種子，乃是由不能壞的種子。使他趨於罪惡的，就是從遺傳和培植而來的貪心，習以為常，貪心便成了他在一切交易上的方式，他的理財習慣漸漸發展成為吝嗇的精神，結果成了致命的網羅。他用財利來量度正確的信仰經驗，故此，一切真實公義的事都受壓制。在他的生活方式上，沒有為基督化的正直和公義原則留有餘地。

基督知道他已被貪心所敗壞，所以給他聽取許多寶貴教訓的特權，他也曾聽聞基督所訂下的各樣原則，就是那些願意進入祂國度之人，所必須擁有的。他曾蒙賜機會，可接受基督作他個人的救主，但卻將之拒絕，並不願把人生方式和意志降服於基督。他沒有改變自己的行徑，所以這貪婪的精神，也沒有糾正過來。他一方面在外表上繼續作一個門徒，在另一方面，卻當著耶穌面前，把原屬祂府庫的金錢據為己有。

猶大若願意有一個公正的心，便可由這些教訓中得益處，但他卻被貪婪之慾望所克服，而受貪財之心所管轄。因放縱自己，他准許品格上這種特性逐漸生長起來，根深蒂固，以致將他心中所栽種的善良真理的種子擠出去了。

被貪愛世界所弄瞎

上帝的聖工應在我們的計畫和所喜愛的事物中占首位，這聖工既需要金錢，就要坦誠地傳揚有關放縱自我的信息。一些人是如此冷淡和退步，甚至不察覺他們正在把感情集中於這即將永遠消逝的地上財寶之上。對世界的貪愛，就像厚布般把他們捆縛起來；除非能改變行徑，否則，就不曉得為基督實行克己犧牲是何等珍貴。我必須把一切的偶像和貪愛世界，從內心逐出。

有些傳道人和忠實的朋友，看見包圍著這些自私自利之人的危險，便誠懇地指出他們的錯處來，然而，他們非但沒有接受這些出於誠懇的勸諫而得益，反之，卻起來敵對那些忠實對他們的人。

啊！願他們能從屬靈的昏睡中醒悟起來，現在就認識上帝！這世界正在弄瞎他們的眼睛，使之無法看見這不可見的上帝。

他們不能分辨那些永恆珍貴的事物，只能從暗淡的光中觀看上帝的真理，因而覺得這是無甚重要。只不過是短暫之物的極細微東西，卻僭取了很大的比例，而關乎永恆的事物，都在他們的計算中被刪除了。

真正的慷慨遭毀滅

至於那些比較窮苦的人，卻往往是最盡力支持上帝聖工的。他們的物質雖少，卻是很大方慷慨。他們不斷地作大量捐輸，就加強了他們的慷慨熱情。當他們的收支剛好相抵之時，就使貪圖世利之慾念，無從乘隙生長了。

許多人一開始積聚地上財富之時，就盤算自己在多久之後才得到某筆數目；但正當他們焦心苦思，為己積財之時，就不能在上帝面前富足了。他們的善行趕不上他們的積攢，他們愛好財富之慾既加強，他們的感情意念，就全都被綁於財寶之上了。財富愈增，慾念則更強，直到有些人竟以奉獻主的什一為苛捐苦稅了。

《聖經》說：「若財寶加增，不要放在心上。」（詩篇 62：10）許多人曾揚言：「我若像某某人那麼富有，就要加倍我的捐獻，送進上帝的府庫中。我的錢財絕不作別用，只是專為推進上帝的聖工。」上帝已試驗這些人，賜給他們財富；然而與財富俱來的，確是更強烈的試探，而他們的善行，反比在窮苦時之善行，大為減少。貪得更多財富之慾念，吸住他們的心思，於是他們便犯了拜偶像的罪。

有些人在貧賤之時，錢雖不多，但卻慷慨；等到得到財利之後，反而又變成吝嗇的人。他們信心太小的原因，就是在他們發達後沒有繼續前進，也沒有本著犧牲來捐獻給上帝的教會。

44 徒具虛名的人

《聖經》論到一大群口頭承認而不實行的人，這許多人聲稱相信上帝，卻在行為上否認祂。他們拜金錢、房屋和田地，因而被列為拜偶像和叛教者。所有的自私都是貪心，也是拜偶像。這許多名字雖記錄在教會名冊上，成為相信上帝及《聖經》之人，卻正在崇拜那些上帝所託付用來賙濟人的錢財。他們也許沒有向這些屬世財富叩拜，無論如何，這就是他們的神。他們是瑪門的敬拜者，將原屬於創造主的尊崇獻給了瑪門，可是祂能洞悉一切，並記錄他們所作的承認只是虛假的。

上帝從世俗化基督徒的心殿中被逐出，因此就讓世俗的策略有更多的空間。金錢就是他的神，但也是屬於耶和華的，他卻拒絕把受委託的錢財用在慈善方面；若能依照上帝的計畫來使用，那麼，善行的香氣便會升到天上，數以千計的悔改生靈，亦會因此而唱出感恩和讚美的詩歌。

推展上帝的國度，喚醒那些在罪惡與過犯中死去之人，向罪人述說救主的慈愛醫治——我們的錢財應該用在這些方面，但卻往往用作榮耀自我。這些錢財並不是用來帶領生靈認識上帝和基督，使他們對這一切美物的賜予者表示感恩和讚美，反而成為遮蔽上帝的榮耀、使

天國景物昏暗的工具。由於誤用金錢，這世界就充滿了各樣的罪惡，人的心門已緊閉，不容救主進入。

上帝宣告說：「銀子是我的，金子也是我的。」祂對亞當的每一個子孫都保有詳盡的記錄，因而知道他們是怎樣使用祂的金錢。世俗的男女雖說：「我又不是基督徒，並沒有聲稱要事奉上帝。」但這豈能減輕他們的罪狀，就是為自私之故而把祂的金錢、資源埋藏在世俗的業務中呢？

我對你們這些不認識上帝，卻讀到本文的人說，這也是上帝旨意要你注意的話：你正在怎樣處理上帝的貨財？如何使用祂賜給你的體力和智力？你能靠著自己使人體的機器活動嗎？上帝只要說一句話，要你死，你便立即靜止，在死亡中了。每日、每時、每刻，上帝都用祂無限的能力使你活著；是祂給你生氣，才能使生命保存於體內，上帝若像人那樣把人類忽略，如同人忽略了祂一般，會有什麼後果呢？

那位偉大醫藥佈道士非常關懷祂手所造之工，使人目睹緊閉心門，拒絕救主的危險，並說道：「你們轉回，轉回吧……何必死亡呢？」

天上財寶的契據

「到那日，人必將為拜而造的金偶像、銀偶像，拋給田鼠和蝙蝠。到耶和華興起使地大震動的時候，人好進入磐石洞中和岩石穴裏，躲避耶和華的驚嚇和祂威嚴的榮光。」（以賽亞書 2：20 — 21）等到那憤怒的大日降臨，世上的財富將會一無用處，唯獨信心和順從才能帶來勝利。

我們將要展示所有的信仰，故必須教育自己談論信心，並為來生作準備。人們千方百計要取得他們土地的契約，使之能在法律上成為合法的擁有，即使在契約上稍有瑕疵，那地主也是不會滿意的。啊！但願人也是如此懇切地尋求天上財寶的契約，以便經得起律法的考驗！使徒向基督徒提出勸告，要使恩召和揀選堅定不移。在爭取永生的事上，必須毫無錯誤或瑕疵。救主說道：「那些洗淨自己衣服的（《英文聖經》譯作守誡命）有福了，可得權柄能到生命樹那裏，也能從門進城。」（啟示錄 22：14）

永恆的財富受藐視

上帝視那些甘願受家務和商業困惑所重壓之人為憾事，他們被各樣事物所拖累，而忽略了一件最重要的事。「你們要先求祂的國和祂的義，」救主說道：「這些東西都要加給你們了」。這就是說，要把視線從今世轉移至永恆的世界，努力爭取那些上帝所賜予價值的東西，就是基督用祂的寶貴生命使你能獲得的東西。祂的犧牲已給你敞開天國商業之門。要利用祂所委託的資本，來作祂所期望拯救生靈認識真理的工作，這樣就是把財寶積攢於上帝寶座之旁邊，如此你就會獲致永恆的財寶。

每當我們想及上天為救贖犯罪世界而賜下的大禮物，然後再看看我們所能作的捐獻時，就會退縮而不敢比較。對整個宇宙所作的要求，也不能與這份禮物相比較，與天父同等的那一位，竟付上自己的生命成為贖價，並帶給他們永生時，繼而表達了無法測度的愛。那些具有基督徒名號的人，豈不是領會了世界救主的吸引力嗎？我們還會對所擁有之真理和正義漠不關心，甚而將天上的財寶變成地上的財寶嗎？

「光來到世間，世人因自己的行為是惡的，不愛光倒愛黑暗，定他們的罪就是在此。凡作惡的便恨光，並不來就光，恐怕他的行為受責備。但行真理的必來就光，要顯明他所行的是靠上帝而行。」（約翰福音 3：19 — 21）

這福音的信息，乃是新約中極珍貴篇章之一，它若被接受，就會在接受者的生命上形成善行來，其價值遠勝於鑽石和黃金。它能為今生帶來喜樂與安慰，又能把永生賜予相信的人。啊！惟願我們蒙恩光照射，充分了解此事的全部意義。天父對我們說：「我要賜你一項財富，是超越任何屬世之物，這財富將要使你永遠富足與蒙福。」

多麼無定見！多麼無價值！

基督宣告說：「若有人要跟從我，就當捨己，背起我的十字架，來跟從我。」「那些穿著婚筵的禮服，即基督義袍的人，是不會懷疑應否背起十字架來跟從救主之腳蹤的，反而樂意並愉快地服從祂的命令。」許多生靈因得不著基督而滅亡，故此，如果只顧追求地位與財富，這是多麼矛盾啊！若與基督在祂聖言中的教訓作比較，這些撒但所呈獻的自私與野心的動機，是何等脆弱！除天父所給予的賞賜外，這世界所提供的是多麼無價值啊！

上帝會供給

人既看到不應隨便浪費上帝所賜之物，就必定會勝過吝嗇與貪得的精神，這樣，狡詐和不當的行為便不會成為人的性情，因這原是上帝所憎惡的。基督徒不應為生活的需求而焦慮煩擾，若能愛上帝和服從祂，並盡自己的本分，上帝會供予一切的需要。你雖要汗流滿面才能維持生計，但也不應疑惑上帝，因在祂大能的安排下，必能每日供給你的需要。基督的教訓，乃是責備那些出自不信的焦慮之思想、困惑和猜疑。沒有人能因焦慮而使生命增加，擔憂明天及明天的需要，也是不合理的。當履行你的責任，並要信靠上帝，因祂知道你所需要的是什麼東西。

CEO
Counsels on Stewardship

各人要照所得的恩賜彼此服事，
作上帝百般恩賜的好管家，
祂必將各樣的恩惠，多多的加給我們。

第十篇

投機的誘惑

45 抓牢財富

那些蒙上帝賜福，又得現代真理光照的子民，不應忘記他們是正在為那即將駕雲降臨的主，作警醒等待。惟願他們莫忘記應脫去曖昧的行為，和帶上光明的兵器。但願沒有人為自己鑄造出金、銀或田地的偶像，並專心去事奉這世界的事物。無論是在城市或鄉間的地產上投機，都會令人狂亂。那古老而安全之獲得財富的有益方法，正逐漸失去人心；許多人竟瞧不起那藉勤勞和節儉逐漸積蓄財物的思想，似乎是與現在突飛猛進的時代不合。

參與投機性購買鄉村及城市的土地，從事任何能使人暴富的事業，此種投機的願望已達到狂熱的地步，因而使人集中智力、思想、體力於最短期間內獲取地上所有可能獲得的財富。我們的一些青年，為了狂熱抓牢財富而快要踏上毀滅之途。這種發財的慾望，正好為仇敵的試探敞開心門，而這引誘又是那麼迷人，以致一些人無法抵禦這種誘惑。

求財心切

這個使人意亂情迷的世界，追求暴發致富的精神，正與我們的信仰與道理恰巧相反。至高的上帝若樂於賜下祂的聖靈，復興祂的聖工，那麼，會有多少人如饑渴般追求那天上的嗎哪和生命水呢？

我看見我們一些弟兄們的危險，他們像那無知的財主，說：「靈魂哪，你有許多財物積存，可作多年的費用，只管安安逸逸的吃喝快樂吧。」很多人竟忘了他們是上帝的僕人，且說：「明日必和今日一樣，就是宴樂無量極大之日。」上帝正觀察著你每一宗的生意交易，要警醒準備，現在就要誠懇深切地思考，是否要把財寶積存於天上的時候了，那裏是沒有蟲子咬，不能銹壞，也沒有賊挖窟窿來偷的。

迷戀於新興的事業

新的財路若在國內出現，那些聲稱信奉真理的人，便設法在這事業上投資。上帝熟悉人心，並知道每一個自私的動機；祂容忍各樣境遇的發生，以試驗那些自稱為祂子民之人的心，要查驗及發展他們的品格。有時上帝會任憑人繼續向前，而遭遇徹底的失敗。祂的手敵對他們，使他們的希望落空，又把他們所有的東西一掃而盡。那些真正關心上帝的聖工，並願為它的進展而奉獻的人，將會發現所做的的確是一項確實而安全的投資。

一些人會在今生得著百倍，且在來生承受永生；並非所有的人都在今日得著百倍，因他們不能承受；所託付的東西若稍為多一些，便會使他們成為不智的管家。上帝是為他們的好處而把財物扣留，但是他們在天上的財寶卻是安全的。這樣的投資反而更好啊！

醉心於所期望的財利

我們一些弟兄，因求財心切而參與新興的事業，並作投資，但他們所期望賺取的金錢，卻往往不能實現。他們把原可用於上帝聖工上的錢財，作為大量的投資。這些新興事業確實具有誘惑力，縱使許多人雖目睹不少人投資失敗，有前車之鑒，但仍遲於得著教訓。撒但繼續引誘他們，使之醉心於所期望的財利。

他們的希望既成泡影，就因這次不智冒險的失敗而灰心喪志。倘若金錢虧損了，那人便視為自己的不幸——是自己的損失；但必須牢記，他所處理的錢財，並不是自己的，他只不過是一名管家而已。上帝是不會喜悅人把原可用來推廣現代真理的金錢，作不明智的管理。在結算的大日，那不忠心的管家，必定要為他的職責交賬。

比較堅忍的勞力更具吸引力

眾生之敵撒但正急於引進一些錯誤的事務，藉以阻延當今特別工作之完成。他裝扮成十分慷慨的樣子，讓那些追求此道之人，偶然有一次顯著的成功，那麼，其他的人便會追隨著。倘若每一位都清楚明白，這正是在考驗我們子民的真理，就能切斷這樣的行徑和思想，使他失去力量。

一些人轉向諂媚的投機性生財計畫，於是，其他的人也很快為此種精神所感染，因這正是他們所要的。他們會參與各行業的投機，而把思想轉離了那為他們的靈命所作的重要準備，以迎接末世所有的試煉。

撒但攻於心計，不成功誓不甘休。他使用一些優渥回報和認為必成功的投資計畫，已多次在我們的子民中發動了；但正當他們期望著極大成功之時，卻證明這是全然失敗的。人的思想因而被混亂了，他們從事投機，又喜愛那種暴利計畫，過於向來的殷勤努力和信靠上帝。

使人心轉離真理

凡激起人追求暴利慾望的每一行動，都會使心思轉離那賜予人最嚴肅的真理，也許會偶然使人滿懷希望，最終仍然是失敗的。上帝沒有贊同這樣的行動。如果這是一項認可之工作，就會有許多的人被這些投機的計畫所吸引，此外，別無其他方法能領人離開那傳揚嚴肅真理，且要在此時傳給萬民的工作。

撒但的網羅

許多時候，上帝為弟兄們開路，使他們能利用他們的金錢來推展祂的聖工，可是，撒但的爪牙卻向他們呈獻一些事業，使其深信錢財能增加一倍。他們就因而上鉤，並投資金錢，但是，聖工不單得不著絲毫的助益，反而連自己也往往得不著一分錢。弟兄們，要紀念聖工，若手上有錢，就當為自己建立美好的根基，預備將來，使你得以持定那真正的生命。耶穌為你的緣故成了貧窮，使你因祂的貧窮，能在天上的財寶中富足。你要把什麼獻與這為你獻上一切的耶穌呢？

46 投機的誘惑

撒但帶領許多人置身於試探中，藉此把他們毀滅。他來到這些人面前，像昔日到基督那裏一樣，引誘他們愛世界。他向他們說：「投資這種或那種事業都可獲利。」於是他們很誠意地跟從了他的命令。

為著要獲利，這些人很快就被引誘，一改他們向來的廉正作風；依照世俗的標準，這雖是完全合法，但卻是經不起上帝律法考驗的。弟兄們為他們的動機而爭論，他們被懷疑用狡詐手段來中飽私囊，因而犧牲了珍貴的影響力，就是為了上帝聖工的利益，本應受崇敬和不可侵犯的。為著世俗利益而把正直出賣的騙子，他手上的生意，可能是經濟上的一項成就，但卻完全與基督的信徒不符。

這樣的投機會遭遇到種種眼不能見的困難與磨煉，對參與者都是極其可怕的。各種的境遇會出現，且很自然地令人對這些弟兄們的動機作了指責，然而，一些事情即使顯出來是錯誤的，也不該常被視作品格的真正考驗；不過，它們常是一個人的經驗和命運之轉折點。人將自己置身於某種情形之下，其品格會被環境的力量所改變。

一項危險的實驗

我蒙指示，我們的子民參與投機事業是一項危險的實驗，因而

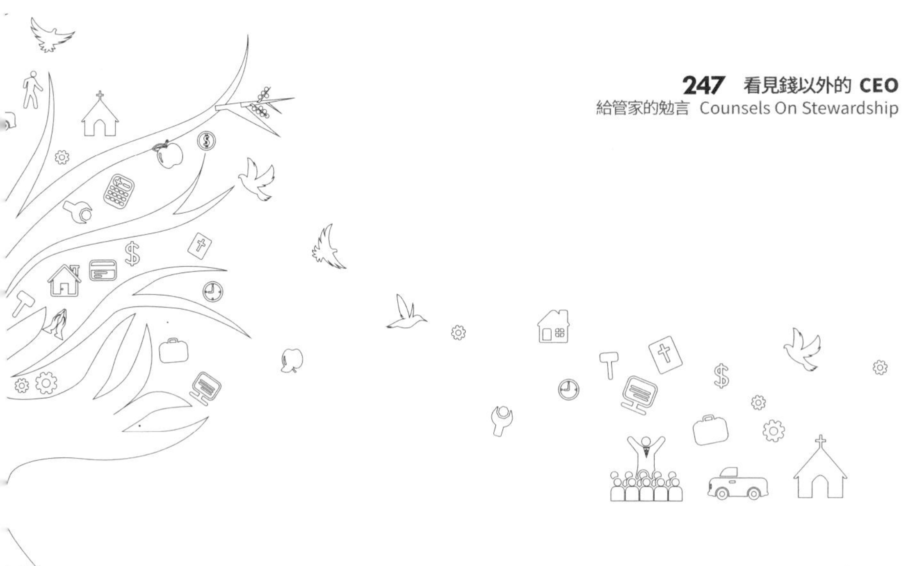

使之落在敵人的陣地裏，且受制於重大的試探、失望、苦難和損失中。他們如癡如狂的慾望接踵而來，並要比目前處境更大地獲取金錢。為了求財，周圍的事物也因而改變，可是，他們的期望常常不會實現，於是逐漸灰心，退後而不向前邁進，有一些人正有這種情形發生，他們正在離棄上帝。

上帝如果有使某些親愛的弟兄在投機事業上昌盛，那麼就會造成他們永恆的毀滅。上帝愛祂的子民，也愛那些不幸者。他們若學到祂要他們所學的教訓，那麼，他們的失敗，到最後會證實是一項極大的勝利。對世界的喜愛若存在，基督的愛便被逐出。待垃圾廢物被掃出心門外之後，並且敞開回應基督的邀請，祂便會進來，佔有這心靈的殿。

騙人的迷惑和賄賂

現在就是試驗的時期，我們都要接受試驗和磨煉，撒但正用他的迷惑和賄賂作工，有些人雖認為他們藉著各樣計畫，已奇妙地投機取巧了；但是，正當自以為平步青雲的時候，其實就是深深地陷入自私之中，此時便會知道上帝分散的比他們所收聚的更快。

發財機會使人迷途

許多人自覺地把金錢借給我們的機構，如此就可用這些錢財為主作善工。撒但卻在我們弟兄心中，推行另外的計畫，就是使用他們的錢財來碰碰運氣。有人仍然迷戀於財利，遭受強烈的誘惑，而投資在地產上；於是便從我們的機構中提取他們的金錢，然後埋藏在土地裏，結果使上帝的聖工得不著半點利益。

倘若有一人僥倖發了財，就會為所賺得的幾百元美金而自鳴得意，並決定繼續盡力投資，為的是要博取更多的財富，撒但的計謀因而成功了；為了要使人投資來碰碰運氣，那麼，流進庫房的錢財不但沒有增多，反而因投資需求被領出來使用。貪心的精神得以助長，那本來是吝嗇的人，就連那原是呼召而用作推展上帝在地上聖工的每一塊錢，也不願意奉獻了。

傳道人參與投機

我們是近乎末世了，故不但要在講台上傳揚真理，也當在台下實行，並仔細查驗你得救盼望的根基。當你站在真理宣揚者的地位，作為錫安城樓上的守望者時，是不能一面注意投機事業，而同時又能有效地進行那委託在你手中的神聖事工。在與人的性命存亡攸關之際，在涉及永恆事物之時，我們若有分心，就得不著安全。

你的情形特別是這樣，既然參與這種生意，就不能培植出心中的敬虔來。你有了瘋狂求財的慾望，並且對許多人談到在投資地產所得的利益，又三番兩次地描述這些事業的利潤；然而，你卻是基督的一位按立牧師，曾立誓要把身、心、靈奉獻於救靈的工作，還從庫房支取金錢，來供養你和你一家。你的言談故意把我們子民的金錢和注意力轉離我們的機構，以及在地上推展救主國度的事工。這種趨勢迫使他們產生慾望，要投資在你所保證能在短期內得雙倍獲利的地方，又利用這條財路諂媚他們，說這樣做更能援助聖工。

避免世俗的纏累

傳道人要保持自己脫離世俗的纏累，才能確保得著那一切能力之源頭，如此才可正確地表示出作基督徒的意義。他應該割斷任何使思想轉離上帝和當前偉大工作的每一事物。基督期望他作祂受雇的工人，無論在心志、思想、言語和行動上都與祂相似。祂期望每一個人都向別人展開《聖經》，謹慎和明智地作工，而不是愚蠢地浪費能力，造成損害或工作過勞，乃是合宜地為上帝做善工。

投機在本會機構附近的地產

我蒙指示，要向弟兄們作一見證，告訴他們關於在學校附近買賣土地的時候，要特別留心不當的投機。每項買賣交易，必須以極嚴格的正直為特徵，絕不應放縱自私。我們學校所擁護的原則，作為教育的一部分來教導學生，必須由那些與學校利益有密切關係的人去培植及顯露出來。他們絕不能因個人財富收益，就妨害了基督教育的原則，況且，這所學校也是因為這些原則而設立的。

我們正在日復一日地為現今和永恆創造記錄，每一項的買賣行動都當正直和公平，不容奸詐的品格侵入，否則會令弟兄們失望，並且觸怒上帝。我們教會中的弟兄們，曾付上重大的犧牲，才能獲得我們學校的物業，切勿讓那些自私自利的人，占了那些需要就近學校居住之人的便宜。應當阻止那些有投機精神的人到來，因為他們不會使學校蒙福，只能造成障礙。

要記著，我們正站在上帝面前等候查閱，每一件自私自利不正直的行為，都要被記錄在天上的卷冊中，用來敵對我們。啊！我懇求我們的眾弟兄要排除那商業主義者的精神，並祈求沒有一個人會為著自己的利益而來到學校附近購買土地。惟願所有的人都專注於屬靈的事物，以便使野心的精神變成無私的精神。我們若要獲上帝的全然認可，非有此種改變不可。

獎券的誘惑

這是與買獎券碰運氣之事有關。一個年輕男子從那裏贏了一隻金手錶。既然贏了又怎樣？那隻錶可能是真金造的，並無欺騙的行為，但是，背後卻有欺騙，就是那陷阱了。只要他贏了這一次，以後就會再嘗試。啊！倘若這是我的兒子，我寧願他死掉，也不願他追逐這種運氣。此外，還有別的男孩子，他們看見這手錶，同樣也會心癢癢的要碰碰運氣，於是便親自嘗試，別的人也要試試看，還有其他的人，於是，那影響力便逐漸傳開，魔鬼真是懂得玩他的把戲。

CEO
Counsels on Stewardship

47 不智的投資

在 1905 年，我參加在聖約瑟所舉行的帳棚大會之時，一些弟兄們就向我提出他們認為投資於礦場和鐵路是一個最好機會，可得豐富的收穫。他們對於成功的機會頗有自信，又講到他們會把所得到的利益，用來多作善工。

其他的人也在場，似乎要看看我如何接受他們的提議。我便告訴他們，這樣的投資是非常不穩定的，因他們無法確保這些事業是否會成功。同時又對他們談到永恆賞賜的保證，就是賜給凡把財寶積存在天上之人的；至於這些無定的投機，我便懇求他們，為著基督的緣故，就到此為止了。

我在夜間蒙指示，要告訴上帝的百姓：那些相信基督即將復臨的人，不應把他們的金錢投資在礦業股票上；因這並不符合祂的旨意，就等於把上帝的銀子埋藏在地裏。以下這封信是我寫給所提到的一位弟兄：

親愛的弟兄：

「你向我所提出的有關投資在礦業的建議，又深信這項投資必定不會失敗，也認為這樣做能大大幫助上帝的聖工。』

上帝已經指示我，在要參赴的聚會中，會遇到一些鼓勵我們教友投資在礦場的人。我蒙囑咐，要對你們說：這是那仇敵的巧計，用來消耗與扣留那原為推展聖工所急需的金錢。這是末日的網羅，使上帝的百姓失去了他們的主所委託、應明智地用作救靈的資本。許多的錢財，由於被投資在這些無定的企業中，因而缺少了用以贏取生靈歸向基督的錢財，上帝的聖工就悲慘地受到削弱。

昨晚我在異象中，揚聲警告人防範屬世的投機，我說：『我邀請你參與歷代以來最偉大的開礦投資。』『天國好像寶貝藏在地裏，人遇見了，就把他藏起來，歡歡喜喜的去變賣一切所有的，買這塊地。』（**馬太福音** 13：44）我們若投資於上帝的礦業中，獲利是必然的，祂說：『你們要留意聽我的話，就能吃那美物，得享肥甘，心中喜樂。』（**以賽亞書** 55：2）『天國又好像買賣人，尋找好珠子。遇見一顆重價的珠子，就去變賣他一切所有的，買了這顆珠子。』（**馬太福音** 13：45 — 46）

我的弟兄，你會投資獲取那天上重價的珠子嗎？……這就是礦業的股份，你若在此投資，就可不必冒失望的危險。但是，我親愛的朋友啊！我們不應把屬上帝的一塊錢，投資在此世的開礦事業上。」

只要有任何一個我們的百姓犯了錯誤，把上帝賜給他們的資本，投資在礦業裏，我就極其悲傷，他們以為這樣可增加他們的收入，其實，這事業雖頗具吸引力，但是許多人卻會遭遇悲慘的失望。

我想到一位弟兄，他曾一度熱心於教會及聖工；前幾年，當我在澳洲時，他寫信告訴我，說他已買了一個礦場，並期望獲得厚利。他曾說要把收入的一部分給我，偶然我也有收到他的來信說：「目前進展順利，不久可獲利潤。」然而，此事始終未能實現，作了千萬元的投資，他的投機卻證實是全然失敗。

這只是我所知許多類似事例中的一個。許多人向我表示他們的憂傷，乃因曾鼓勵人把金錢投資在礦業裏。若有人收到弟兄或姐妹用作如此投資的錢財，那麼，只要對方要求歸還，他就有責任將財物歸回原主。

我警告你要小心處理上帝的資產，將它放入上帝的府庫，就可確保祂的國有用之不竭的利息。

上帝的百姓曾經輕易地滿足於極膚淺的真理，我們應該殷勤追尋那深奧、永恆、廣大的《聖經》真理。既找到了，就當歡歡喜喜地變賣所有的，來買那塊田地。

CEO
Counsels on Stewardship

各人要照所得的恩賜彼此服事，
作上帝百般恩賜的好管家，
祂必將各樣的恩惠，多多的加給我們。

Counsels on Stewardship

談負債的行為

48 量入為出

許許多多的人都沒有訓練自己量入為出。他們也不學習如何去適應環境，而是一再地借貸度日，終究被債務所壓倒，以致灰心喪志。

很多人沒有紀念上帝的聖工，隨隨便便就把錢財花費於假期的娛樂、衣著上或到處宴客上，以致要為發展國內外佈道工作而呼召時，他們已無物可獻，或甚至已在銀行透支了。因此就在什一和捐款上向上帝搶奪，他們的自私放縱已置心靈於猛烈的試探中，繼而中了撒但的詭計。

我們應慎防，不容許自己花錢於不必要的事物上，或只是作為炫耀；也不該讓自己隨從世俗的習俗，去放縱各樣的嗜好，因而搶奪上帝的錢財。

家中的勤勉與節約

我親愛的弟兄和姐妹，我蒙指示：你們還有許多教訓應當學習。你們沒有量入為出，也沒有學習節約之道。你們若得到較高的薪金，也不知道怎樣使用，以求獲得最佳的成效；又放縱嗜好與食慾，全不顧及節約的原則。有時你們又花錢去購買那些弟兄們的經濟力量所不容許享用的食物。金錢就會很容易地從你們的口袋中溜出去了。

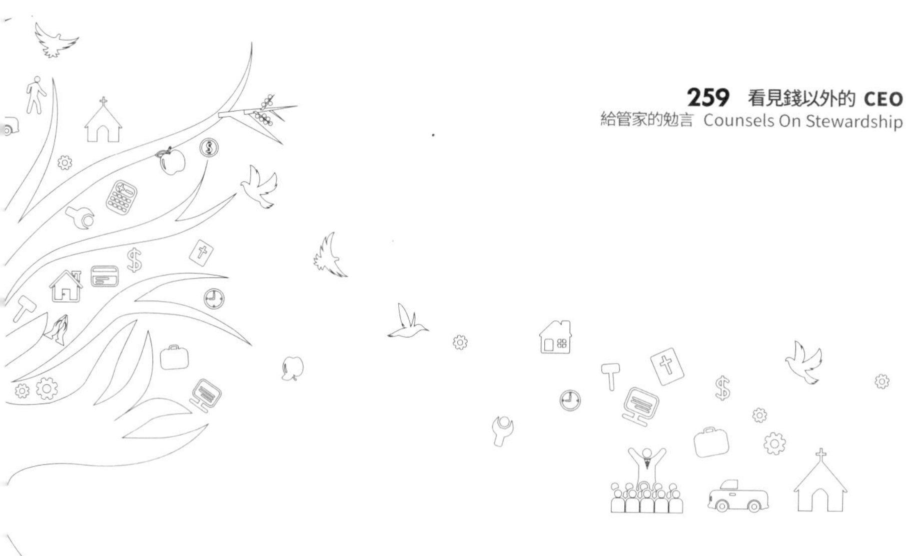

你的體力未能以最佳的狀態下運用，也是一項錯誤，就如同一位財主，只要他認為合適，就隨意囤積他的財富一樣。你沒有盡你所當盡之努力，去供養你的家庭。如果工作方便，你就會做工，但卻沒有將時間和能力好好地使用和敬畏上帝，視之為一項責任；你沒有運用自己，也沒有把自我置於工作之中。

你曾做生意，雖好幾次發了財，但你卻在金錢到手後，沒有學習節約，以便應付金錢較不易賺取之時，反而為了幻想出來的要求而去花費。你和你的太太若早明白上帝所吩咐的責任，就是要克制嗜好和慾望，為將來作好準備，勿專顧眼前之事物，那麼，你們現在就會有相當的財富，足以使你們的家庭過著舒適的生活了。你應當學習的一課，是不該遲延學習的，就是把微小的東西，發揮至最佳的利用。

耶穌行了一個神蹟，使五千人得以吃飽，跟著祂就教導一項有關節約的重要教訓：「把剩下的零碎收拾起來，免得有糟蹋的。」（約翰福音 6：12）有責任在你身上，且是重要的，「凡事都不可虧欠人」（羅馬書 13：8）。你若因體弱或殘廢，而不能工作，弟兄們便有責任要幫助你。事實上，你的位置若改變了，你對弟兄們的需要就是一個開始。你若覺得不應失去進取心，並和你太太同意量入為出地生活，便可免除困窘了。不論工錢是多或少，你都要努力去做。勤勞和節儉既在你家中，再過不多時，境況便會好轉的。

根據原則的節約

凡慷慨解囊以回應維持上帝聖工之呼求，並解救別人之苦楚及需要的人，絕不是那等在經商方面顯出不精明、粗疏或延宕之輩。他們乃是時時謹慎，以免入不敷出。他們基於原則而實行節儉，並覺得節儉乃是他們的本分，因為只有這樣才能有所奉獻。

重要的第一課——克己犧牲

我曾看見貧窮的家庭與債務爭鬥，但兒女們卻沒有受訓，要克己來幫助他們的父母。我曾拜訪一個家庭，女兒們表示希望要得一座名貴鋼琴，父母也樂於實現他們的希望，但卻負債了。女兒們是知道的，但她們若曾受教要克己犧牲，就不會令父母為難了。即使告訴她們，說不能滿足她們的慾望，也於事無補的，因這渴望會一而再，再而三地被表達出來，增加父母的重擔。

在另一次的拜訪中，看到那貪圖得來的樂器，陳設於家裏卻無用，就知道又增加了好幾百元美金的債務了。我甚難斷定當歸咎於誰，是縱容的父母呢？還是自私的兒女？在上帝面前，兩者都有罪。此事例說明了許多的情形。這些青年人，雖自稱是基督徒，卻從未背負基督的十架。救主說：「若有人要跟從我，就當捨己，背起他的十字架，來跟從我。」除了依從這條件，是沒有其他的方法可成為基督的門徒。

CEO
Counsels on Stewardship

49 使上帝聖工蒙受譴責

你所信的信仰，要你在六日工作的時間內，盡你的本分，努力去工作，正如在安息日去教堂赴會一樣。你沒有殷勤辦事，讓光陰整時、整日，甚至於整週，空虛度過，一無所成。你向世人所能傳講的最好的道理，就是在你的生活上表現出確實的改革來，並要供養你的家庭。使徒說：「人若不顧親屬，就是背了真道，比不信的人還不好；不看顧自己家裏的人，更是如此。」（**提摩太前書** 5：8）

無論你居住何處，若閒懶度日，以致要負債養家，這就使聖工因你而蒙了羞辱。你對於這些應該清償的債務，不但不設法還清，反而遷避他處。這種行動，乃是欺詐鄰里。世人對於自稱信仰《聖經》的基督徒，當然是相信祂完全誠實正直的。可是因一人漠視其應償之債務，就使教會全體的人，被人視為不可靠之虞。

「你們願意人怎樣待你們，你們也要怎樣待人。」（**馬太福音** 7：12）這話不但是對那能送人禮物或使人受惠而言，也是對那親手勞力的人而言。上帝已賜你力量及技能，使你足夠養家而有餘，但你卻未善加利用。每日應當黎明即起，若有需要的話，不妨在星光猶爍之時就起床，定下要作一切事的計畫，然後依計畫完成它。除非疾病把你纏倒在床上，總要設法履行一切的諾言。寧可在飲食和睡眠

上刻苦自制，都不可對應還別人的債務，有失信之罪。

第八條誡命的要求

第八條誡命「不可偷盜」，不僅定了拐帶人口和販賣奴隸是罪惡的行為，同時也禁止一切侵略的戰爭。第八條誡命明定偷竊與搶劫為罪惡的行為。它命令人類在生活的調節上保持嚴格的誠實。它禁止商業上的欺詐行為，命人清償正常的債務與應付的工價。同時它又宣布一切趁他人的無知、軟弱或不幸而作利己之圖，在天國的記錄上都算是欺詐的罪行。

撒但為人設置的網羅

人人必須實行節儉，無論任何職工，都不可因處理自己的事務失當而欠債。一個人若自顧欠債，便是自投於撒但為人而設的羅網中。

削弱信心，使人趨於沮喪

親愛的弟兄：

我為你被債務重壓的境況而難過，我也知有不少人像你一樣，為經濟情況煩悶憂愁，……

主並不喜悅你受苦，祂要賜下聖靈安慰你，使你可成為自由的人，並住在祂的愛和亮光中。祂要你學習教訓，並要快快地學。你不該使自己的經濟陷於困境，因欠債之事會削弱你的信心，並使你趨於沮喪；甚至想到這事也會使你幾乎發狂。你必須減少花費，竭力補救你品格上的弱點。你可以也應該作一番切實的努力，以控制這種不量入為出的習慣。

有損德行的行為

借錢以濟燃眉之急，以及無心清償債務，這種習慣雖甚普遍，卻是有損德行的。主願意一切相信真理的人，要從這些自欺的惡習中悔改。他們應選取寧可窮困，絕不施行詭詐的態度。沒有人能採用敷衍或不正直的態度來管理上帝的財物，而仍在上帝面前無罪。凡是那樣行的人，便是在行為上否認基督。可是他們卻自稱遵守並教導上帝的誡命，其實並沒有維護上帝律法的原則。那些明白真理的人，如果不改變其品格，而與真理使人成聖的感化相稱，就必成為死的香氣叫人死。他們必誤表真理，使其蒙羞，並褻瀆那本身就是真理的基督。

CEO
Counsels on Stewardship

50 呼召向主祈求或轉換工作

親愛的弟兄及姐妹：

我實在同情你，並且祈求你能在正確的亮光中認清事物。你必須明白：人不該以欠債的方式來處理事務。

一個人既知自己並不成功，為何不去祈禱或轉換工作呢？危急的關頭正在我們之前，但凡與上帝合作的都會蒙祂接納。學習克己和獻身，應以禱告的精神來考慮每一次的行動，並在上帝之前放輕步伐。我們必須對上帝保有獻身的精神，也要為自己的腳修平前面的路，並使跛子走路不致摔倒。

對一位書報員的勸勉

你在信中埋怨債務的束縛，其實你的欠債是沒有藉口的。……你任意借貸，並不想是否有能力償還，這樣做對別人真是不公平，連他們僅有的一點點，都給你搶走了，上帝的聖工也因而遭受譴責。只要你在行動時認清自己所做的事，你就會停止的；你會看到搶劫信徒和非信徒的罪惡，為解救你的眼前需要，而置他們於窘迫的境況中。

弟兄，你這情況並非小事。你的行徑已使其他書報員的事工遭受毀滅性的影響，是你難以塗抹的。你會阻攔那些誠實的人參與書報

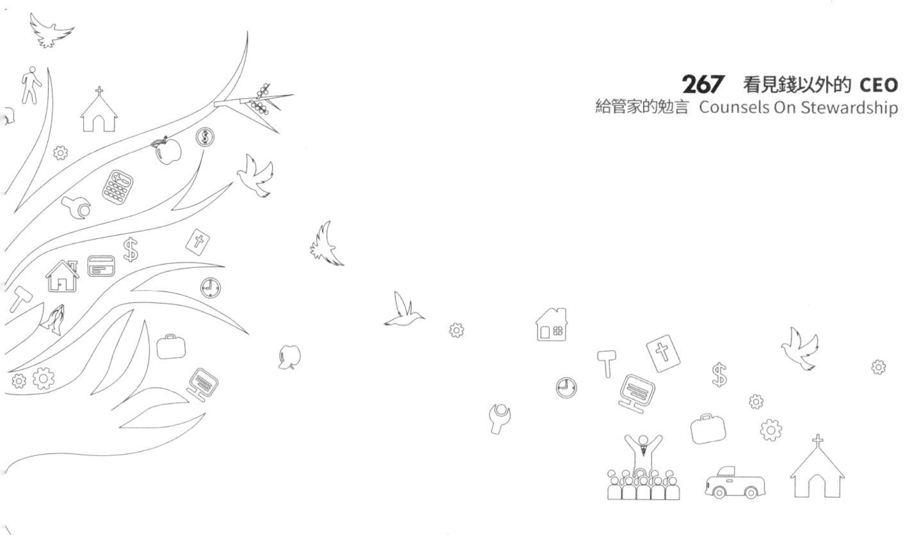

工作，因他們也可能被視為不可信賴的人。至於那些真正需要別人信賴的人，卻因一些書報員的錯誤行徑而不敢冒險前進了。憑他們所曾有的經驗，就是司庫房數百元美金的損失，難怪他們遲疑於信賴別人，以為他們也是同樣從司庫房裏支取，使現今急需維持聖工的錢財更加缺乏。

藉克己犧牲所得的自由

你應該下定決心，不要再欠任何的債。寧可在凡事上克己自約，總比在債務中打滾好得多。欠債已成為你一生的禍害，故當避免負債，猶如避免染上天花一般。

你當向上帝立下莊重的誓願，要仰賴祂所賜的福分而清償債務，以後就勿再欠任何人的債，即使只賴稀飯與麵包過活也當如此。在預備膳食之際，很容易為多餘的食物而花去兩角五分錢。小錢能節約，大錢自會多。那些隨手花去的零星小錢，很快就會集成大數。你當克己自約，尤其是正被債務所困的時候。不要猶豫、沮喪或退後。要摒棄你的嗜好，不再放縱食慾，要盡力撙節開支，清償積債，並儘速處理這些債務。等到你能恢復自由，不再欠任何人的債時，你便獲得最大的勝利了。

個人的債務不應妨礙慷行善

一些人還沒有前來參與有系統的慈善計畫，他們以債務纏身為藉口，並抗辯說，他們必須先「凡事都不可虧欠人」。但事實上，他們的債務並不能作為他們的藉口，我看到他們應把該撒的物歸給該撒，上帝的物歸給上帝。有些人意識到「凡事都不可虧欠人」，就以為他們的欠債，若沒有完全清還，上帝就不會對他們有任何要求，其實他們是自我欺騙，是忽略了把上帝的物歸還祂。每一個人必定要把合適的捐款獻給上帝；那些欠債的人，也應自他們的財物中取出所欠的款項，再把剩餘的一部分捐獻。

CEO
Counsels on Stewardship

51 除去建築教堂的負債

我為償還了建築教堂債務一事而與你們一起快樂。倘若每年都作這些額外的努力，就會有許多的錢被儲存下來了。其實我們聚會的場所，無須一年又一年地拖欠債務，只要每位教友能盡他的責任，為主耶穌而實行克己和自我犧牲，也因為祂的救贖；那麼，祂的教會便不至於欠債，上帝也因此而得尊榮。

敬拜上帝而用的教堂，就是屬祂自己的機構，應該免除一切欠債，每年都有許多錢被欠債的利息吞沒了，這筆金錢若全部撥作清還主要的債務，那欠款便不會被侵蝕，永遠地被侵蝕了。負債實在是極為不智之舉，如果能預先辛勤努力地預備建築費，那麼，在獻堂時便會一無拖欠，這實在好得多了。啊！難道我們不可立下規定，每逢為上帝建造教堂的時候，都要不負債地奉獻與祂嗎？

上帝已指示我，在澳洲或紐西蘭的聚會所，並不需要欠債。每一次的欠債，就意味著忽略了上帝的特別及神聖的事物，而把自私和世俗的事物變成首要。應當對上帝的聖幕給予最崇高的尊敬，其他的每一件事物都該被列為次要，我們的思想也必須被提升、受抬舉並聖化。父母為了子女和親友，而放縱於追求名利與貪婪的精神。他們使用金錢於不能尊榮上帝的事物上，於是便做成了實際的損害。他們慷

慨地把禮物送給兒女和親友，而那能蒙主看重的禮物，他們所奉獻的，其價值既微少，且次數也有限。

自我犧牲與抵押教堂

每位基督徒應該有個自我考驗的問題：「在我的心裏，是否有愛耶穌呢？我愛祂的會幕嗎？我對上帝及救主的愛是否足夠帶領我作自我犧牲呢？」當那些放縱於享樂和自私愛好的試探來臨時，難道我不會說：「不，我不能看著上帝的殿被抵押或為債務所重壓，所以我不會花費一角，甚或幾分錢來滿足自己。」

基督豈不應在我們所思慮的事物中居於首要和最崇高的位置嗎？祂不應要求我們要忠誠和尊崇的表號嗎？這些事情正好作為我們的心靈和禮拜生活，以及家庭範圍的基礎。若把心、靈、力和生命完全奉獻予上帝，並把一切的愛獻給祂，上帝便會在你所有的服務中成為至尊，所得的效果乃是了解在神聖事物上與基督合夥的意義，於是那為敬拜上帝而建造的殿，就不致因債務而受損；對你而言，若容許這種事情發生，就等於否認你的信仰一樣。

教堂債務玷辱上帝

我們的教堂若為債務所重壓，就是羞辱了上帝，這樣的事情。實在是不必要發生的。這是指明管理辦法由始至終都是錯誤的，玷辱了天上的上帝。以祈禱的心情去研讀〈撒迦利亞書〉第四章和〈哈該書〉第一章吧！看看這裏所提的是否指著你而說的。你竟然專顧自己及個人的私事，因此，若不是忽略了去建造，就是用借來的金錢來建築，卻沒有作出捐獻來清還建造教堂的債務。你有否想到你有責任這樣做嗎？一年復一年，只作極微小的犧牲來減輕欠債，而那利息卻吞沒了本應用作清償積欠的金錢。

為何債務依然存留

在教會中受上帝指責的，就是那些閒懶的工人。神聖事物既被撇下於衰殘及被忽略的境況之中，就不是遵行祂的旨意。在每一間教會中實行自我犧牲和克己，是能令事物改觀的，「萬軍之耶和華說：『銀子是我的，金子也是我的。』」當金和銀像過去那樣被用在自私的企圖上，或為滿足野心、驕傲而自我放縱，那就是羞辱了上帝。

那些代表性的人竟能如此渴睡，以致不了解事情的現況，這就是他們忽略其本分的結果？上帝所揀選的子民明知要把錢財應用在維持上帝的殿於最佳狀況之下，同時也知道不可將庫房的錢來支付經常的費用，卻又為了滿足私慾而裝飾房子，大肆揮霍，並把上帝的金錢投資……在各種事業上，這樣，他們便不能蒙福。

我從上帝那裏獲得一信息，各教會必須從他們呆鈍的景況中振作起來，並且思念這些事情。「萬軍之耶和華說：『銀子是我的，金子也是我的。』」我們的家庭是否為了自私的目的而使用上帝的金子銀子，對減輕教堂的債務卻坐視不理呢？教會受債務所重壓，並非無法清還，乃是因為教友方面的自私放縱，而在這些被忽略的事上羞辱了上帝，倘若祂限制你的資源，其前因後果也不難於了解。當你以上帝為首，又認識祂的殿被債務所羞辱時，上帝便會賜福與你。

需要勸導和合作

親愛的弟兄：你要知道，在你所作的每一項行動中，所依從的並不是你自己的判斷，而是弟兄們一起給你的勸勉。你在這事工上已失敗了，就是過於單獨行動，你可以借錢，但在建築計畫上有沒有得到弟兄們的同意？你與他們，他們與你是否共負擔子？在任何涉及建築教堂的情況之中，不應單憑個人的思想和判斷。在教會中每一位能負責任的教友都當參加，傳道人不可獨力推行此種工作。這是你必須要學習的教訓，就是尋求弟兄們的意見和判斷，若沒有他們的勸勉、指導和合作，就不要進行。

不可原諒的失慎

我蒙指示，見一些教會對借款及欠債有不慎的情形。有些地方，教堂一直在欠債，必須不停地付利息，這些事是不該有的。若人能照上帝所命令的，為主顯出聰明、機警和熱忱，這情形必可改觀，債務也可清償。克己與犧牲的精神，會使教會的靈性有蓬勃前進的奇效。惟願每位教友都盡一份責任，把參與工作的精神，深深刻在信徒們的腦海。

大學和教會本應不必負這樣重債，這表明是不智的管理。上帝呼召克己犧牲，又呼召有錢的人要奉獻，即使是較為貧窮的教友，也可盡些微薄本分。只要有志，上帝便會開路。祂不滿意這事的處理方式。祂無意要使聖工為債務所困阻。

克己犧牲能促使那些在過去無所事事的人，也做出一些切實的工作，藉此表明是相信《聖經》的教訓，以及信奉現代的真理。不論男女老少，身為父母者或為人兒女的，都當以行為來表明他們的信心。信心藉行為得以完全。我們正處於地球歷史的末葉，然而，只有為數極少的人能體會到這一點，因這世界已使人心與上帝隔離了。

在澳洲阿文德鎮建築教堂和學校

有些時候，聯合、迅速和持久的努力，則獲益匪淺。開設學校的時間早已被指定了，但我們在各地僑居的弟兄們卻設法耽延，等待既久，就灰心了。在建築方面的工作正是多得很，我們的款項卻耗盡了。那些從事建築的人便說：「工作無法如期完成，但我們卻說，不可遲延，學校必須如期開學，因此，我們就把這事提交教會，並呼召了一些志願的工人，有三十名男女願意奉獻自己做志工。也有一群堅強的人，日以繼夜地作工，直至建造完竣，收拾乾淨，裝上配備，在指定開學的日子就可以啟用了。」

當建造聚會場所的時間來臨時，信心和忠誠又要再受一次的考驗。我們也曾開會商討當行之事，但總覺得困難重重，有人就說：「蓋一所小房子吧！等到有錢的時候，再把它擴大，因為目前仍不能建造我們所盼望的房子。」其他人卻說：「等待有足夠的金錢再建造一所寬敞的房子吧！」我們雖然是這樣想，但是，上帝的話卻在夜間臨到我，說：「起來建造，不要耽擱。」

於是，我們便決定著手工作，憑著信心從頭開始。在第二天的晚上就收到來自南非開普敦一張二百鎊的支票，是林西夫婦所送來的禮物，為的是要幫助我們建造房子。我們的信心既已受到考驗，現在上帝又把這大筆捐款交在我們手中作為開始，我們就下定決心要動工。

得著這份鼓勵後，就積極展開工作，校董會送出土地和一百鎊，另外兩百鎊則來自聯合會，那所教會的教友們又竭力奉獻，會外的朋友也給予幫助，建築工人則奉獻他們的一部分時間，這也是與金錢同樣重要的。

工作就這樣完成了，這所美麗的房子，足以容納四百人，我們為這供敬拜用的房子，而感謝上帝。祂了解我們所經歷的窘境，當有困難發生時，負責督工的哈斯寇長老，就召集工人們在一起，懇切禱告，求上帝賜福他們和那工作，上帝垂聽了我們的祈禱，房子就在七個星期內建成。

52 避免機構的欠債

上帝不希望祂的聖工因經常欠債而受窘，所以每當需要為一所機構增添建築物或其他設備時，須留意是否超出所有的款項。最好稍作遲延改善，直至上天敞開門戶，不必拖欠巨額的債務和付利息。

出版社已成為我們的教友存放金錢的地方（**編按：當時出版社設有一間供教友存款的辦公室**），因此，就能供應錢財，支援不同區域中的各種工作，並協助推展其他事業。這是不錯的，在這些方面所作的亦不算太過，上帝都看見了。但依照上帝給我的亮光，就是在每一項的努力中，都應當固守著不欠債務為原則。

在出版社裏

出版的工作原是以克己犧牲為基礎，故應實行嚴格的經濟原則。錢財問題是可以處理的，如果有金錢方面的壓力，同工們就要同意減低工資，這是上帝所啟示給我，要帶進我們各機構的原則。當缺乏金錢的時候，我們就應當抑制自己的慾望。

對出版的刊物當予以合適的估價，然後讓各出版社的所有人員研究，在每一可行的方法上節約，即使會造成相當不便也當如此。要注意細微的支出，填補所有的漏洞，須知集腋可以成裘，因小可能會失

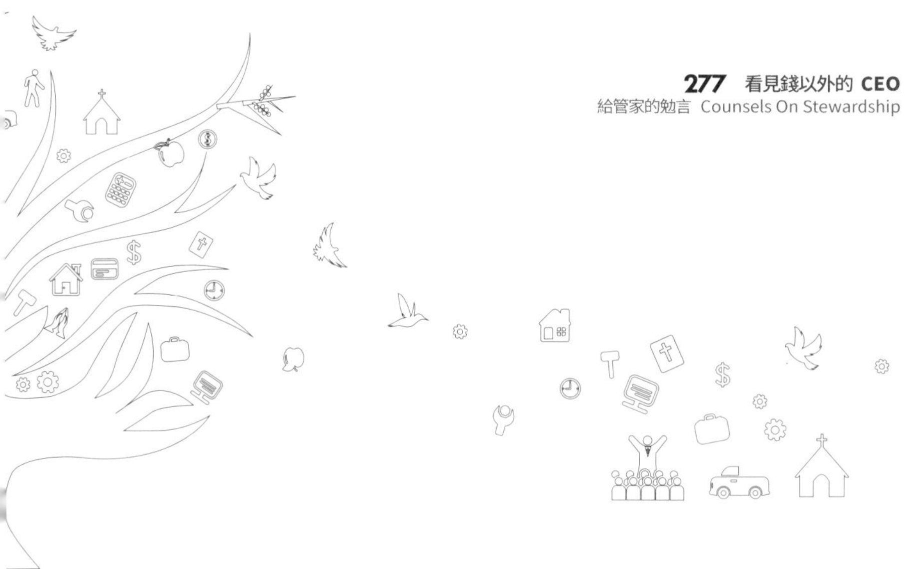

大；要將零碎收拾起來，免得有蹧蹋。勿把時間耗費於無謂的閒談中；蹧蹋分秒的時間，就會有一小時受損。持久殷勤，憑信工作，必獲得成功的賞賜。

有些人認為照顧微小的事物有損他們的尊嚴，只有器量小和吝嗇的人，才會斤斤計較。但許多時候，卻因一點點的漏罅，船就沉沒了。凡可供使用的東西，都不該浪費。缺乏理財的方法，必定會使我們的機構欠債，即使收入甚豐，這些錢財也會在工作的各方面逐漸地失去的。節約並不是吝嗇。

在出版社中受聘的每一位男女同工，都當作為忠實的守望者，注意勿有任何的蹧蹋。各人應該防範那想像出來要花費金錢的慾望。一些人每年只靠美金四百元過活，但是生活卻比年收入八百元的好。我們的機構也是如此。一些人比較其他人更能運用較少的資本。上帝期望所有的工人實行節約，尤其是要作忠心的會計員。

小心管理療養醫院而節省開支

那些與我們的機構有關的人，應學習節約，以便我們的機構不會纏上債務。在採購東西時要表現智慧，金錢必須用在刀口上，倘若管理得宜，就可節省不少的金錢。

除非手上有現金的保證，否則不應作任何消費。一些與我們的機構有關聯的人，時常不必要地招致債務，例如：把錢無謂地用來美化建築物，或用來滿足愛好和癖性。

每一位工人都是生產者

惟願每一個人，現在就奮力積蓄，而不是花費。要對那些只顧消費卻不生產的人說：我有責任在每一方面節約，卻不能鼓勵奢侈浪費，也不能讓錢財從我的手中溜走，去購買那些不需要的東西。

上帝的工人們，不論高低都要學習節約。讓各人對自己說：「我要克制任何無謂花錢的慾望。讓那些為上帝作工的人，不單作消費者，也作生產者。要看見這龐大的工作，當克制那非基督化的為自我滿足而花錢的傾向。在想要購買東西時，就要計算它的價錢。

現今各人都有極佳的機會，在他的崗位上盡自己的本分。惟願每一位在上帝工作上有分的人，都該儘量有所出產，在需要幫助時，都當樂予幫助，也應盡可能減低他們的開支，因為在將來，每一塊錢都需要用來推展上帝的聖工。

為戶外及戶內工作而聘請工人，需要審慎考慮。我們機構的管理人，應當是謹慎的和有頭腦的，除非必要，否則不聘用大量的工人，因常在這事上犯錯誤。

雇員作為機構的一部分

我們機構的同工們，應該表現出他們是這事工的一分子，不應想及每日只必須作若干小時的工作。當遇到緊急的情形及需額外援助時，應歡欣樂意地響應。他們應極度關切所服務機構的成功，這樣便可鼓勵別人專心一意地工作。

基督說：「把剩下的零碎收拾起來，免得有蹧蹋的。」惟願那些在我們機構從事任何工作的人，都留意這項教導；讓他們謹慎，勿在上帝所供給的屬靈或屬世事物上，有任何蹧蹋。節約先由從事教育的人員開始，再傳授與其他的工人們。父母們應藉著言教及身教，使兒女學習如何把微小的數量予以最佳的使用。許多窮苦家庭之所以貧窮，皆因他們在收到金錢之後，便立即將之揮霍掉。在療養院中擔任廚師的人，應培養節儉的習慣，他應該明白，不要把食物浪費。

殷勤不可懶惰

出自聖靈的話對我們說：「殷勤不可懶惰，要心裏火熱，常常服事主。」惟願所有與我們的療養院和醫院有關聯的人，都對他們的工作表現出興趣來，並且熱心作工。如果尚有工人仍未學會敏捷的技術，就讓他們立即在這方面訓練自己，否則便要同意照他們工作的成效，來發他們的薪酬。護士及同工們應日復一日地愈有成效，更多才多藝和更有助力。他們既身為上帝的工人，就可以個別地幫助自己去達到高而又高的標準。但願那些天生緩慢的人，訓練自己辦事快速，同時又要審慎。

那些為他們的勞力領取報酬的人，應作足夠的時間，也應同時作為生產者和消費者。他們在受指派的工作上，既然接受了教育，便會愈來愈完全，並在任何境遇中都能工作。

在學校管理上節約

必須在各方面實行節約，才可免陷於經濟困境，以及不受債務所壓制，但是，所繳付學費的數目應有所增加。這是我在歐洲的時候蒙指示的，以後也為你和我們學校再蒙指示。除非更能精打細算，否則，這問題——「如何使我們的學校不必負債呢？」——始終都是得不著解決的。為著學生教育的目的，學費的徵收率應予提高，然後，讓那些曉得節約的人來管理膳食，即使要付出優良和合理的工資，也要任用最佳的才幹。最重要的，就是要約束那些零碎的開支，果然有了這些防範，學校的債務便不會加增了。

學生要合作

有些人會說：「我們將會減少一些學生」。這可能是對的，但那已有的學生就會重視他們的時間，並使他們看出要勤勞作工，才能符合所占地位的資格。如果上帝常在學生們之前，他們向祂尋求指導，如同但以理所作一樣，就會從祂獲得知識和智慧，成為導光的通渠。要把這事擺在眾學生的面前，並問他們誰願實行克己，而且自我犧牲，以清還已有的債務。對一些學生來說，他們所需要的，只是一顆願意的心而已。

願上帝幫助我們學校的管理人，永不有入不敷出，否則，學校就要關閉。有些人沒有管理學校經濟所需的才幹，將來上帝會審問這些管理的人。每一項不必要的浪費習慣都應剷除，每一項不必要的愛好都當摒棄。當上帝話語中所明確指示各學校的原則，照應有的摯誠方式被接受時，就不會有積欠了。

當心學校經濟

學校的校長尤其要小心留意該機構的經濟，他應明瞭會計學的基本原則，並要忠實地報告他所經手為學校而用的一切開支。學校的存款不應透支，卻要設法增進學校的效用。那些受委託管理我們教育機構的經濟之人，絕不能容讓隨便花費錢財，凡與學校經濟有關的每一事物，都應當是全然正直的。須嚴格地遵照上帝的方法，雖然這樣會與人的方法不協調。

你若受到試探，要把學校所收入的金錢，用在不能為學校帶來半點特別利益的途徑上，那麼你的原則和標準，就要受到嚴厲的批評，否則，到將來被發現有所虧欠時，就難逃別人的指責。誰是你的會計員？誰是你的司庫？誰是你的事務主任？他們是否細心而能勝任其工作？這都是應當考慮的。若沒有人清楚了解，錢財就有可能會被誤用；學校也可能因不智的開支，而繼續虧損下去。那些管理的人，雖然也許會感到焦慮，卻認為自己已盡了努力。但是，他們為什麼會讓債務愈欠愈多呢？惟願那些管理學校的人，每月都調查學校經濟的真實情況。

避債如同避痲瘋病

凡與學校有關的每一件事物，都應實行節約。通常到學校來的人，都是出自儉樸的家庭，習慣於粗茶淡飯，並無山珍海味，午餐也習慣於簡單且營養的食物。我們最好在晚餐，也同樣吃簡單的食物。必須嚴格節約，否則便有債務。要量入為出，視避免債務如同逃避痲瘋一樣。

53 沒有計算花費

有些人辦事並不精明，又急於炫耀外表，他們以為表面的誇示就可產生影響。這些人在工作時，並沒有先坐下來計算花費，看看有沒有能力把他們所開始的工作完成；於是，他們顯出了自己的缺點，說明了他們在小心謹慎行事方面，還有許多需要學習的。他們因過於自信而犯了許多錯誤，一些人也因此而招致無法彌補的損害。

有好幾位自覺有設立及管理療養醫院才能的人，卻遭遇失敗。在發現為債務纏擾之時，就要求教會接收那所虧本的機構，以及負起它的債務。要接收如此眾多已破產的療養院，這樣就會損害教會了。惟願經營這些療養院的人，以及那些行在錯道上的人，現在就應開始理智地思想，勿再造成失敗，否則會令善良的人氣餒。

人若獻身予上帝，甘心於謙卑地作工，慢慢地擴展他們的業務，並且拒絕欠債，這樣就可能作得好。很可惜他們不依照這方向行事，結果導致失敗。在遭遇困難之後，既然無能力處理，他們就放棄，只期望解除經濟方面的壓力，卻沒有停下來想及其後果。

有人幫助這樣的人解決困難，卻受引誘要使用某種保證（**或抵押**），使這些人受約束，並感到像做奴隸似的。他們也甚難除掉那不善於管理和失職的名聲。

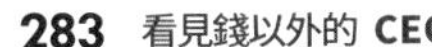

我蒙指示要對那些像這樣欠債的人說：只要你的行動方向正確，就不要放棄。要盡你一切的力量，親自解救這境遇。不要把一所困窘的機構，推給原本已債臺高築的教會，每一間療養醫院，最好能擔負自己的責任。

那些管理我們療養醫院的人，應謹慎行動。有些時候，他們只看到微小的增長，但願他們表現出智慧、機敏和順應性；並學習和實行基督所教導有關建造樓宇的指示（**路加福音** 14：28－30）。事前的盤算遠比事後的回想更為重要——疏於精打細算和謹慎管理，所導致的明顯結果，就是失敗。辦事懈怠和管理無方的醫院經理，應該與這工作分離。要爭取那些懂得在小事上留意的人，有了他們的服務，工作的困難就可獲得解決。

惟願所有與我們機構有關連的人，都在上帝面前謙卑自己。讓他們求上帝的幫助，作出明智和節省的計畫，以便這些機構能立穩根基，並且結出果實來榮耀上帝。不要依靠人，卻要仰望耶穌，要恆切禱告，在此儆醒感恩。要確保你與基督有密切的關係。

過量建築而欠債

弟兄：欠債是不智之舉，你是聰明人，實在不必提醒你了。欠債是一項重軛——既束縛人又令人苦惱的重軛。在教會機構附近購地是不智的，你們在建築和裝備療養院的努力上，已受到無法衡量的壓力了。若將建築物改小一點，就是更聰明的了。我時常想及要把建築計畫進一步削減，這樣做會更好，因可在以後有錢的時候，若要加添病房，就可把建築物擴充，裝置較小的建築物，費用會更少。

計算錯誤而陷入困境

我們若依照上帝的勸勉而行動，便有機會為療養醫院作購買，而且價錢相宜，地產上已有的建築物又可加以利用，裝飾用的樹木都已種好。許多這樣的地方都呈現在我眼前，我曾蒙指示應該認真考慮這些寬大的出價。

不過有時還是需要選擇一塊未經改良成未有建築物的土地。遇到這種情形，我們必須謹慎，不要選擇一塊需花大筆開支始能改良的地方。由於缺乏經驗和計算錯誤，就會陷入大舉欠債的困境；因為那些建築和改良的費用，要比當初所估計的高出兩三倍。

只依靠預期可得的錢財

院長和事務主任要緊密合作，後者須留意支出勿超過收入。他應當知道所依賴的是什麼，以便這地方的工作不像伯特克勒那樣受債務的拖累。那邊的情形實在無須存在的，這就是人不順從上帝法規的結果。人若依從上帝的法則，工作便會進行順利，但是，當那些強勢卻不受上帝管理的人，居於負責任的地位時，這工作便陷於危險中，因為他們的強勢會令他們使用那些僅是預期可得的錢財。

欠缺集思廣益的草率事業

開辦及經營一所療養醫院是需要特殊的才幹，即使是屬私人的企業也是如此。弟兄們在開始這樣的事業之前，應該集思廣益。 需要有工作，但必須以正確的方法進行。所開設的事業若受挫折、那負責這工作的人若遭遇到失敗，就難以克服那敵對真理的印象了。

無論誰若有開辦療養醫院的意圖，就應該向在遠近地區進行這工作的弟兄們求教。除了上帝是我們的領袖和保障之外，我們的醫藥工作在各城市中，是不應造成任何其他的負面印象。

我蒙指示，要向各處的弟兄們說：「在開始新事業之前，要先考慮那些在需要地區已設立的工作，否則，我們的教友將會受到大筆債務的連累。」

54 憑信前進

對於打算要作的事，除非手中有足夠的金錢可以完工，否則，不要投資進去，這種主張未必一定是最聰明的計畫。主在建立聖工的事上，並不常為祂的僕人顯明一切、有時祂會故意試試他們，要他們憑著信心前進。祂也會把他們引到窘迫困難的境地，當他們的腳似乎快要踏入紅海的時候，便吩咐他們往前走。就在這樣的時候，祂的僕人若能以真誠的信心懇求祂，祂就必在他們前面開一條出路，領他們到寬闊之地。

上帝要祂現代的子民，相信祂必為他們行出大事，像從前以色列人自埃及至迦南的路上所行的一樣。我們必須具有經過鍛練的信心，雖在極困難的境遇中，也能毫不猶疑地服從祂的教訓。「憑信前進」就是上帝給祂百姓的命令。

要使主的計畫實現，就需要信心和樂意的順從。當祂指出必需在會發生影響的地區設立工作時，祂的子民就當憑著信心而行，憑著信心而作。藉著他們敬虔的行為，謙卑、祈禱和熱誠的努力，設法使眾人重視主在他們中間所建立的工作。按主的旨意要使羅馬林達療養院成為本會的產業。祂是在困難之時，彷彿在河水漲溢兩岸之時成全了此事。

為個人的事業而圖謀私利是一回事，在這方面人可依照自己的主張行事。但在地上進行上帝的聖工卻完全是另一回事。在祂教會的發展和工作的建設上，祂若指定某處產業是應當購置的，不論是為了療養院、學校或任何其他部分的事業，只要那些有經驗的領袖們對於祂的旨意，能存信託依靠的心，又能迅速地去獲取祂所指出的利益，祂就必玉成其事。我們雖不企圖攫取任何人的產業，不過遇有機會，就應立時警覺，以便計畫謀求工作的建設。這樣做之後，就當竭盡一切的力量，去求上帝子民的慷慨捐助，以維持這種新的建設。

極端立場的危險

借錢來推進上帝所期待完成的工作是對的，我們不應在困難中等待，由於不願借錢而使工作愈來愈艱難。我們曾犯的錯誤，就是借錢來進行那原可等待至將來的工作。但是還有走另一極端之危險。我們不應置身於危害健康及令我們工作被耗損的景況中。我們要理智地行動，雖然要借錢和付利息，也必須作那當作之工。

兩方面都要防範錯誤

現今擺在我們面前的問題乃是：即使不知道金錢的來源，毫無把握，也要得到那些在價錢和地點上看來合意的地方嗎？有些弟兄，以及其他的人反對增加債務，但我並不準備說：「我們不論在任何情況下，只要手頭上沒有足夠的錢財，就堅持著不要購買地皮。其實，靠著上帝的供給，會很快就把那地買下，莫因這一點點的妨礙，就不買這塊上帝所指示要買的土地。我們必須慎防兩方面都會犯的錯誤。」

阻礙進展的行動

有人認為；除非完全不拖欠債務，否則就不應該開辦療養醫院，這一種思想足以阻礙進展。為要立即行動，我們在建造聚會場所時必須借錢，是為著依從上帝的指示，而不得不這樣做的。深切地關懷工作進展的人，借了金錢又要付利息，來開辦學校和療養醫院，以及建造聚會場所。這些被設立的機構和教堂，贏取不少人歸信真道，於是，十分之一增多了，上帝的軍隊也增添了工人。

因缺乏信心而損失

上帝要我們豎大旗，高而又高。教會若削減她的工作，就不能不否認她的主。必須要多處建立聚會的場所。不能在各城鎮裏供應敬拜的場所，作為救主與祂子民相聚之處，難道這就是節約嗎？但願我們不要製造印象，以為安排接待天上的貴賓是極其昂貴的。

在擬定建築計畫的時候，我們需要上帝的智慧，不要無謂地招致債務。但我要說，並非在每次動工前，都要手上擁有足夠完工的款項。我們往往必須憑信前進，辦事要儘量迅速。由於我們缺乏信心，而得不到上帝應許的實現。我們必須工作、祈禱和相信。又要沈著和認真地前進，並信靠上帝，且說：「我們不會灰心，也不喪膽。」

CEO
Counsels on Stewardship

55 出自神聖指導者的勉言

不久之前，在一次夜間的異象中，我參加了一些會議；那裏所講的話，出於人的意思多過主的意思。當時所考慮的是在某地的醫藥工作，那些提出來的計畫，若不加以修改，就會使工作受到約束，並且不能解救那窘境。全球總會被要求作出承諾，提供一筆為數不少於二萬元的款項，在某地設立療養醫院，或是為這數目負責。某位牧師不同意要全球總會承擔這項額外的負擔，便受到一些人猛烈地攻擊他，但是在這種情形之下，他覺得上帝正在禁止他將這種負擔加給全球總會。我很尊重這位牧師在這問題上的判斷。

再話說這次會議，那位長久作我們「指導者」的再與我們同在，賜下主的話，祂說：「把債務的軛放置在全球總會之上，不能榮耀上帝。祂曾以特殊的方式，為祂子民解除在頸項上久負之債務重軛，那區會絕不應重蹈覆轍。」

一些人仍沒有學到基督所教導有關建造一座樓宇的教訓。「你們哪一個」，祂問道：「要蓋一座樓，不先坐下來計算花費，能蓋成不能呢？恐怕安了地基，不能成功，看見的人都笑話他，說這個人開了工，卻不能完工。」（**路加福音 14：28 — 30**）這警告已被忽視了。

當負責任的人在匆忙中，以及不合時宜地設立新機構時，這樣的

表現不但破壞了上帝聖工的利益，同時也破壞了那些利用人的智慧而要快快進步的人之利益。想超越上帝領導的人，都不能榮耀上帝，結果只能造成混亂、困惑和痛苦而已。上帝不願祂的代表們重犯這些錯誤，因為過去這些行動的記錄，並不能榮耀祂。

切勿一錯再錯

有些人常受一種狂亂思想所支配，使他們辦事時只顧使用錢財，卻不想及以後要從事生產。金錢若是依照上帝所指示的方法使用，必會興起一班工人，準備好去做那在主復臨前所必須完成的工作。錢財的誤用就指明了需要上帝的警告，祂的工作不該為人的計畫所約束，卻應按著那能堅固祂聖工的方式去進行。

由於人們使用錯誤的計畫來工作，就使聖工招致債務，不要讓此事重演。但願那些領導的人更小心行動，勿讓上帝的聖工陷於債務之中。惟願沒有人會行事魯莽和漠不關心，且不切實際地想，以為一切都會甚佳。

除去債務

上帝要我們在過去的失敗之中學得教訓。祂的機構負債，是祂所不喜歡看見的。在現今的時代之中，我們必須作實際有用的工作，不要建造高大壯麗的華屋。

我們不應再重蹈覆轍在債務之中愈陷愈深。我們實在應該努力清除我們機構目前所欠的債務。各地教會如果願意幫助，也可以在這件事上盡一份的力量。一般受上帝賜給金錢的教友，也可以把他們的餘款存入教會，不收利息，或取很輕微的利息也可；這樣便可按各人所願幫助的，來維持這神聖的工作。上帝叫你們歡歡喜喜地把祂所借給你們的一部分財物歸還給祂，且藉此作祂施濟的代表。

在改革的時候，錢財就會來

若有人尋求上帝和認罪，在進行那需要的改革時，就會在償還所扣留的財物之事上，出現同心協力的懇切精神來。上帝將會彰顯祂寬厚的慈愛，錢財就會自然來到，清除我們機構所欠的債項。

CEO
Counsels on Stewardship

56 留給人的尊榮

福音所劃分出來，為要支援上帝聖工的唯一計畫，就是把維持祂聖工的尊榮留給人。如果他們能專顧上帝的榮耀，便會將祂所要求的一部份歸給祂。看到髑髏地的十字架，並仰望那位因我們的緣故而成為貧窮，卻使我們因祂的貧窮得以成為富足的救主，便會感到不應積攢財寶在地上，乃應存入天國的銀行，因那裏永不會停止付款，也不會倒閉。上帝已將主耶穌賜給我們這世界，問題卻是：「我們能奉獻什麼捐款和禮物給上帝，以表示我們感激祂的大愛呢？」「你們白白的得來，也要白白的捨去。」（馬太福音 10：8）

每一忠心的管家將如何渴望，要增加他存放上帝府庫中奉獻的比率，而不作絲毫的減少。他所事奉的是誰呢？捐款是為誰預備的呢？——就是他所依賴，賜下各樣美物供他享受的那一位，故此，莫讓我們這班領受基督恩典的人，惹起天使因我們而覺得羞愧，或惹起耶穌因稱呼我們為弟兄而覺得可恥。

要令忘恩負義之心增長嗎？要在為上帝聖工捐獻上吝嗇嗎？——不！不！我們要把自己當作活祭獻上，將一切所有的獻與耶穌。這原是祂的，我們是祂贖買的產業。那些領受祂的恩典和默想髑髏地十字架的人，將不會對捐獻的多少發生疑問，只覺得最貴重的奉獻都是微

不足道，實在無法與永恆上帝之獨生子的偉大禮物比較。藉著克己，最貧窮的人也會有辦法，把一些東西歸還給上帝。

時間的管家職責

時間就是金錢，許多人卻正在浪費珍貴的時間，這原可用作有益的勞動，以及在善事上動手作工的。如果一個人不運用上帝所賜的體力，並藉這珍貴的才幹來賺取錢財，使貧窮的人獲得供養，又有捐款獻與上帝，那麼，主是永不會對他說：「好，你這又良善又忠心的僕人」的。富有的人切勿認為只是奉獻他們的錢財就夠了，他們尚有其他的才幹，要竭力在上帝面前蒙祂喜悅，並作誠懇的屬靈代理人，教育和訓練他們的兒女從事有益的活動。家長和孩童不要自以為是屬於自己的，就可隨心所欲地去使用他們的時間和財物。他們是上帝贖買的產業，祂要他們把體力貢獻出來，並把收入帶進上帝的倉庫。

自我犧牲與十字架

若把現有的千百計的自私途徑截斷，並依照正當方法來處理金錢，就會有大筆的收入流進那府庫。許多人把本應為上帝殿宇而用的金錢，用來添置偶像。除非實行真正的自我犧牲，否則，沒有人能真正行善。自我犧牲和十字架，正放在每位跟從基督的信徒的道上，耶穌說：「若有人要跟從我，就當捨己，背起他的十字架來跟從我。」是否每個人都考慮到這事實，就是作基督徒是包括捨己和犧牲，並為那獻上己命使世人得生命之主，而在必要時也甚願把性命放下呢？

那些看見基督掛在十字架上的基督徒，因上帝兒子無限的恩賜，就受到責任感的約束，而對他們所擁有的財物不加以保留，甚至多麼貴重的也不例外。他們若能把所擁有的任何東西，來使貧或富的生靈歸向那位除去世人罪孽的羔羊，這樣，就會樂於為這目的而使用。上帝在救拔罪人的事上，使用人來作祂的同工。

全天庭都積極參與提供各樣的方法，藉此把真理的知識傳與各國、各族、各方、各民。倘若那些宣稱真正悔改的人，並沒有把他們的光照給別人，他們就是忽略了遵行基督的話。我們不必再三自問，已有多少捐給上帝的聖工，卻要考慮我們扣留了多少，尚未送進祂的倉庫，而用來自我放縱，尋歡作樂，討自己的喜悅。我們也無須計算差派了多少工人，乃要數算有多少人故意對自己的責任視若無睹，又沒有依照他們的各種才幹去服務他人。

若在工作上供養工人的錢財被放進倉庫中，現在豈不是會有許多的人被雇用嗎！當上帝為我們開路的時候，豈不是有更多的設備可供推展上帝的工作嗎！這樣，就會有數以千百計的人受雇於各地區中，在分門別類的工作上出力。然而，這些人卻不在那裏。為什麼呢？——自私把他們留住了；他們喜愛安逸，於是，就遠離了上帝的葡萄園。另一些人想到遠處去，卻又沒有錢把自己送去；皆因其他的人該作的卻不去作。這也是一個理由，說明了為何有一部份的工人必須像牛拉車般吃力，而其他的人卻毫無重擔。

可以救靈的銀元

上帝已作好安排，使所有的人都能接觸真理的信息，但上帝為此目的而放在祂管家們手中的錢財，卻被自私地用來滿足自我。

我們的青年為了放縱自我，以及炫耀誇示而不經思索地浪費了不知多少的錢財，其實，沒有了這些也是同樣得著快樂的。我們所有的每一塊錢都是上帝的，不應用作無謂的花費，卻要投資在佈道工作上，以回應那呼召。

新的田地被開拓了，錢財的需求也不斷地增多。如果我們要實行節約，現在就是時候了。所有在聖工上勞力的人，都應了解緊隨救主的捨己和節約榜樣的重要性。他們應把手上所處理的錢財視為上帝對他們的委託，並感到有責任要使用技巧和理財的能力，來使用上帝的金錢。一毫一分都當珍視，數量雖然瑣碎，但一百分錢便湊成一元，若使用合宜，便可拯救一個生命免死亡。倘若我們的百姓把一切為滿足自我而花費的錢財獻給聖工，這樣，倉庫便不會空空洞洞，佈道事工也可在各地設立起來。

惟願教友們，從今日起就除去他們的傲慢，放下他們的首飾。每人都應當在手邊預備一個佈道奉獻箱，並試圖把放縱自我而用的每一分錢放進去。但這並不只是分配多餘之物那麼簡單，還有進一步要做的，那就是實行克己犧牲，必須放棄某些享樂和期待的事物。傳道人必須加強他們的講道，不斷地責備放縱和在衣著上的炫耀，更要高舉耶穌，講述祂捨己和犧牲的生平。心中若然持定仁愛、敬虔和信心，就會在生活中結出珍貴的果實來。

各人要照所得的恩賜彼此服事，
作上帝百般恩賜的好管家，
祂必將各樣的恩惠，多多的加給我們。

第十二篇

得救為要分贈

57 給青年人的話語

關於青年人所擁有的特權，有許多可講的話語，因他們學習了節儉與克己的教訓，就可以幫助上帝的聖工。許多青年認為他們必須放縱於某種享樂，於是，為了要如此行，甚至耗盡全部的收入。上帝要我們在這一方面力圖改善。我們若只以豐衣足食為滿意，便是害了自己。上帝為我們所立的標準，是高於這一切的。當我們樂意擺脫自私的慾望，並獻上身心的全副精力，從事聖工的時候，天上的諸智者就必與我們合作，幫助我們為人類造福。

一個青年人雖然貧窮，但若能勤儉，必可為上帝的聖工省下一點錢財。在我十二歲的時候，就已學會節約了。我和我的姊姊學會了一種手藝，雖然每天只能賺得二角五分的工資，但還可以從這個數目中為國外佈道的聖工存一點錢。我們積少成多，終於有了三十塊錢。等到救主快來的信息一傳到我們當中，並有人勸我們獻身捐款時，我們便欣然地將那三十塊錢交給父親，請他用這些錢買傳單和小冊子，以便把這信息傳給那些仍留在黑暗中的人。我們感到能獻出這一點力量，乃是我們的特權。

凡與聖工有絲毫關係的人，都應學習如何節省時間與金錢。懶惰成性的人，在此表明他們不重視所託於我們的榮耀真理。他們需要在

勤儉的習慣上受教，學習專以上帝的榮耀為念，並去發奮作工。

克己與增進才幹

凡在使用時間與金錢的事上，沒有正確判斷力的人，應求教於有經驗的人。我的姊姊和我也曾用我們靠手工所得來的錢去購買衣服，我們將錢交給母親時說：「請母親替我們買，但請省下一點錢來捐助佈道的工作。」結果母親就這樣作了，藉此鼓勵我們發揚佈道的精神。

出於克己犧牲的奉獻，對於奉獻的人乃是很大的幫助。此舉具有一種教育性，幫助我們更充分地體會出基督的工作，就是周遊四方，廣行善事，解救受苦受難之人，並幫助窮人的需要。救主沒有為求自己的快樂而生活，祂的生平毫無自私自利的成分。

孩童們可學習克己犧牲

正當父母們為著上帝聖工的進展而作出犧牲時，他們也該教導自己的兒子參與這項工作。孩童可學習表達他們對基督的愛，在一些零碎的事物上克己，因為購買無用零碎的東西，錢就從他們的手中溜走了。因此，每個家庭都應這樣教導他的孩童。對這件事，必須教導有方，然而這卻是孩童所能得到的最好教育方法。假若所有的小孩子們都把他們的捐款奉獻給上帝，他們的禮物就像許多的小溪水一般，匯合在一起湧流成為一條江河。

上帝喜悅小孩子們能藉捨己，而把他們所有的奉獻給祂。那寡婦因甘心捐獻，雖然只是兩個小錢投入庫裏，也蒙祂悅納。救主認為她既把一切所有的都獻上，其價值就比那些在奉獻時不必犧牲的富人，所捐的大數目更多。當小孩子們甘願捨己，以後與那位愛他們，把他們抱起，又為他們祝福的主同工的時候，祂便歡欣。

為收入及支出作記錄

在研究算術的時候，當使所學的具有實用的價值。當教導每一位青年與兒童，不僅要解答某些想像上的習題，更要將自己的收入和支出作一個準備的賬目。當使他從實際用錢方面而學習正當用錢的方法。男女兒童無論是依賴父母的，或是自己賺錢，都應當學習去選購自己的衣服、書籍和其他的必需品，他們自己的費用既是自己記賬的，就必從那裏學得金錢的價值和用法，這是他們從其他方法所不能學得的。這種訓練可以幫助他們辨明真正的經濟與吝嗇和浪費有什麼不同之處。按著正當方法所給予的這種訓練，必能使人養成慈善的習慣；必能幫助青年知道怎樣施捨；非僅因一時受了情感的衝動而施捨，乃是循序不斷且有系統地繼續施捨。

依從撒但的建議

那仇敵撒但能做到令世俗之物超越屬靈之物！許多家庭只為上帝的聖工作微小的奉獻，但在購買昂貴的傢俱或添置時髦衣著的時候，卻會揮金如土，並花費不少錢在餐桌上，而這些只不過是有害的放縱；還有多少的錢，是用於對人毫無利益的禮物上啊！

許多人花不少的錢在拍攝照片上，用來贈送給親友。這種攝影已達至奢侈的程度，就等於鼓勵拜偶像。這些錢若全用作印刷刊物，以指導人轉向基督和現今寶貴的真理，便會更蒙上帝的喜悅。那些浪費於不必要事情上的金錢，就能為許多人供應現代真理的讀物，就是叫人活的香氣。

撒但的建議在各式各樣的事情上被實行出來，我們的生日，耶誕節和感恩節，常用來滿足自我，其實，我們的心應轉向上帝的憐憫和慈悲仁愛才是。若在這些紀念性的場合中，沒有想及祂的恩慈，恆久的眷顧和無窮的愛，就會使上帝不悅了。

倘若一切為無用之事而浪費的錢財，都存進上帝的倉庫，我們便會看到男男女女及青年人獻身於耶穌，並盡他們的本分去與基督和天使們合作。於是，上帝最豐盛的福惠便會賜與我們各教會，因而有許多生靈歸信真理。

生日和假期

作父母的都負有教養兒女的義務，要訓練他們養成克己自約的習慣。他們也須常常提醒兒女有義務要順服上帝的聖言，並以事奉耶穌為人生的宗旨。他們要教導兒女明白：在日常生活中，必定要養成簡樸的習慣，必須避免錦衣玉食，安富尊榮的生活。我們得永生的條件，是這樣宣布的：「你要盡心……愛主你的上帝，……又要愛鄰舍如同自己。」（**路加福音** 10：27）

父母們沒有依照上帝的命令，把律法的訓言教導他們的兒女，反而養成了他們自私的習慣，使兒女們覺得生日和節期就是獲得禮物的時候，這就是依從世人的習慣。這些節日本應使我們更加認識上帝，並喚起感恩的心，因祂的仁慈和愛護保守了他們度過了另一年;但是，這些節日卻被用以尋歡作樂，滿足孩子們的虛榮心。其實，他們生存的每一時刻，都須依賴上帝的大能所維護，然而，父母們卻沒有教導兒女們想及此點，又沒有表露出感謝祂對他們的憐憫。

這時代的孩童和青年人，若都受到合宜的教導，他們的口就會對上帝說出何等尊崇、讚美和感恩的話來啊！會有多少的微小禮物，從小孩子的手中送進祂的倉庫，作為感恩的奉獻啊！上帝便會被紀念而不至於被遺忘了。

家長和兒童們不止在生日上，特別紀念上帝的恩慈，同時在耶誕節和新年，都應作為每一家庭紀念他們的創造主與救贖主的日子。盛行向人贈送禮物及金錢的習慣，應為對上帝的敬虔、尊崇和謝恩所取代，禮物和捐款應該流入神聖的途徑，上帝豈不是因這樣的紀念而喜悅嗎？啊！上帝已在這些事上被遺忘了！

你若在有一天的假期，成為你兒女們歡樂的日子，但也要使它成為貧窮和受苦之人的快樂日子。莫讓這日子白白溜走，而沒有把感恩的捐獻給耶穌。惟願作父母和兒女的，現今就當致力於愛惜光陰，作為亡羊補牢之舉，讓他們依從與世俗不同的路線。

我們可以計畫許多事工，比起經常贈送給我們的兒女和親友不必要的禮物，價錢既不昂貴，又能表達心意，為家庭帶來歡樂。當你向兒女們解釋為何要改變他們禮物的價值時，可教導他們說，你相信以前那樣做，就是看他們的享樂過於上帝的榮耀。亦可告訴他們，以前依照世上的習俗和傳統，餽贈禮物給那些不需要的人，便是重視自己的快樂與別人的滿足，過於上帝聖工的發展。

你要把最好的禮物獻給上帝，以表達你感戴祂所賜給這罪惡世界的禮物，正如昔日的東方博士一樣。鼓勵你的兒女們，為了上帝獨生愛子這份禮物的緣故，而奉獻捐款給祂，藉此使他們能以新的和不自私的途徑去思想。

58 懇求節約

我們不應揮霍於建造美麗的房子，購買昂貴的傢俱，在世俗衣飾上放縱，或是享用奢侈的食物，但要在凡事上想及基督所為之替死的生靈，並要讓自私的驕傲死去。但願沒有人為了沖印影片送給朋友，而消耗錢財。讓我們儘量節省每一塊錢，以便能向那些滅亡的生命出示基督無比的吸引力。

撒但會向你提出許多耗費金錢的方法，只要滿足自我而花費，——那無益的東西，無論其價值是何等的瑣碎——都不能榮耀上帝。讓我們重視此事，我們是否克己，是否正在奉獻上犧牲，以便能把真光送給那些失喪的人？

教會所關心的事應只有一件，也應具有共同的期望，那就是渴望與基督的形像相似。每一位應藉個人的努力、捐獻與犧牲，以竭己之所能，為耶穌工作。上帝的家應有糧，就是倉庫應當滿盈，於是便能響應來自各地之馬其頓式的呼求。我們雖聽聞這些求助的聲音，卻被迫說：「我們不能把人或錢派遣到你們那裏去，因我們的倉庫沒有錢了。」這是多麼可惜呀！

惟願那些因自私的享樂，為迎合世俗標準的慾望，以及為貪圖安逸而浪費掉的每一元、角、分，都被送進通往上帝府庫的槽溝中，

如同許多小河匯合，最終成為大江一樣。讓我們作謹慎和盡責的基督徒，並與上帝同工。

新的工作田地必須擴展，有許多生命需要耶穌，也有許多新的名字要寫在教會的名冊上——將來，這些名字也會出現在天上不朽的名冊上。啊！我們能體會到那些為滿足自我而花費的金錢，能成就何等的事呀！

上帝企業中的夥伴

上帝的聖工常有需求，故此，無論貧富貴賤，都需要勤勞作工，以便把收穫歸還上帝，使祂的家有糧，於是，就可支援上帝所呼召的工人，進行把真理傳送給那些快要淪亡世人的工作。上帝所要求的不只是十分之一，也要求我們把全部的來榮耀祂。我們絕不應有揮金如土的習慣，因所處理的是上帝的錢財，沒有一元或一角是屬於我們自己的。在奢華中揮霍金錢，就是剝奪供應窮苦人衣食所需的財物。那些為滿足驕傲，而在衣著、房舍、傢俱和裝飾等方面所作的花費，就可以解救許多在苦難中受苦的家庭。上帝的管家們，應要濟助那些窮乏的人，這就是清潔沒有玷污的宗教所結出來的果實。同胞們因缺衣缺食而受苦，人們竟依然自私放縱，故此，上帝定他們的罪。

上帝呼召祂的每一兒女們，要在這墮落世人的黑暗中，把天上的亮光——祂自己無私之愛的光——照射出來。倘若祂看見你已認祂為自身和一切財物的擁有者，並目睹你善用受託的金錢，作一個忠心的管家，祂便會把你的名字記錄在天上的卷冊中，視為與祂合作的同工，並使你在祂的企業中作夥伴，為同胞服務。在那最後的大日，你會歡喜快樂，因祂已看出你能善用錢財來幫助別人，使他們能感謝上帝。

注意小錢

我希望能令每個人銘記著，把上帝的金錢浪費在空想出來的事物上是何等嚴重的罪惡。所開銷的數目，看來雖是微小，但若接連下去，卻是永無止境的。在審判的時候，案卷展開了，你便會看到所造成的損失——那積聚起來的小量數目，和那全然用於自私企圖的較大數目，原可作成的善事。其實耶穌沒有命令人作出任何真正的犧牲，因為無論祂叫我們獻上什麼，對我們都是有益。而我們是為了更大和更有價值的東西，放棄掉那較小和更無益之物而已。每一件屬世和短暫的思慮之物，都必須受制於更崇高的事物之下。

那信息繼而大力向前

上帝的百姓在花費金錢的事上，應該實行嚴格的節約，以便他們能有所歸還給祂，並說道：「我們把從你而得的獻給你。」這樣，他們就是為了從祂所得的福氣而獻上感恩，同時，也是為了自己而積攢財寶在上帝的寶座旁。世人把那些原應用來救濟在饑寒中受苦之人的金錢，卻大量地用在衣著方面。許多基督為之捨命的人，所吃的僅足糊口的粗茶淡飯而所穿的也不過是樸素的衣服而已，但是，在同一時期卻有其他的人，把數以千計的金錢，用來滿足並追求那永無止境的時裝款式。

上帝已吩咐祂的子民離開世俗，與世人有別。對那些相信我們是活在恩典時期最末世代的人而言，昂貴或浪漫的衣著都是不合宜的，使徒保羅寫道:「我願男人無忿怒、無爭論，舉起聖潔的手，隨處禱告；又願女人廉恥，自守，以正派衣裳為妝飾，不以編發、黃金、珍珠和貴價的衣裳為妝飾；只要有善行，這才與自稱是敬上帝的女人相宜。」（提摩太前書 2：8 — 10）

在自稱為上帝的兒女們中，甚至也有一些是在衣著上作不必要的花費。各位姐妹們：我們應該穿著整齊和風雅，然而，當你們為自己或兒女們添置服飾的時候，也要想及在上帝的葡萄園中仍有等待要做之工。購買優良的布料，並加以精工的裁剪是對的，這就是節約，但是華麗的裝飾物則不必了，若在這方面放縱，便是把應為聖工而用的金錢，用來滿足自我。

使你在上帝眼中視為寶貴的，並不是你的衣著。祂所看重的，是內在的美、聖靈的恩寵、仁慈的話語和對別人的體貼關懷。除掉不必要的裝飾物，就可節省金錢，用以推進上帝的聖工。要學習克己犧牲的教訓，並要將它教導你的兒女。所有藉克己犧牲而節省下來的錢，都需要用來作那當作之工。災難必須救濟，赤身者必獲衣著，饑餓之人必得飽足，現代的真理也必須傳與那些仍未認識的人。我們若願捨棄那些不必要的事物，就能在上帝的偉大工作上有分。

我們是基督的見證人，莫讓世俗的東西佔有我們的時間和注意力，以致沒有注意到上帝所說的，要列為首要的事物。還有更崇高的重要事物正瀕於危險。「你們要先求祂的國和祂的義。」基督獻上祂的一切所有，來從事祂所要作的工作，祂對我們說：「若有人要跟從我，就當捨己，背起他的十字架，來跟從我。」「你們也就是我的門徒。」

基督甘心樂意地獻上自己來完成上帝的旨意。祂存心順服，以至於死，且死在十字架上。我們會感到克己是一件難事嗎？與基督一同受苦時會退縮嗎？祂的死應能激勵我們，使我們甘願把自己及一切所有獻與祂的工作。當想及祂為我們所作之事的時候，我們的心便該為愛所充滿。

那些認識真理的人，若實行上帝聖言所吩咐的克己犧牲，那信息便會大步前進。上帝會垂聽我們為人悔改而獻上的祈禱，祂的子民便會把光照射出來，使那些非信徒看到他們的好行為，便將榮耀歸給我們的天父。讓我們在自我犧牲的順從上，與上帝保持聯繫。

在窮困中仍有進展

起初，只有我們少數的幾位來推進這事工，為要使這工作進行得條理分明，便同心合意地去作工。當我們明瞭在真道上合一的重要性時，我們的禱告便蒙應允，而基督的禱告——我們應當合而為一像祂與天父合而為一——也就應允了。在這些國家中，我們也是像你們一樣缺乏金錢，時常挨餓，也因衣物不足而忍受寒冷。但我們卻察覺到真理必須前進，而必須用錢財來把它推展。於是我們極懇切地尋求上帝，使門戶敞開，以便能達到各城鎮中的人。我和外子都必須用雙手作工，以賺取金錢，把我們帶到各處，為其他人打開真道的寶庫。

我們能體會到天上的上帝，正在我們的面前，為我們的工作開路。

我的丈夫曾作搬運石塊的工作，甚至指頭的皮膚破裂，血從傷口流出，這樣才能獲取錢財，使他可到各地把真道傳給人。起初，工作就是這樣展開的；現在，我們也必須像他們那樣向天上的上帝祈求，以致祂把門戶敞開，使真理能進入人心。金和銀都是上帝的，千山上的牲畜也是祂的，然而，祂卻要你儘快憑著信心，儘量向前。上帝的賜福，會落在那些能好好地利用才幹之人的身上。

在皮德蒙特山谷中，《聖經》既被打開來閱讀，真理就藉著那些缺少世間財物之人傳開了。有《聖經》真理的人不獲准傳給人，他們不能把《聖經》送給別人，就只有以售貨商人的身分，帶著一部分的《聖經》，遇到機會時把《聖經》念給人聽，於是，那些渴慕真理的人，就這樣獲得亮光。這些人赤著腳，且流著血，穿山越嶺，為的是要接觸人，向他們展示生命之道。我甚願那激勵他們的同一精神，也存於現今信仰真理之人的心中。

我們只要採取上帝要我們採取的立場，每個人都能有所作為。為光照別人而作的每一行動，會使你更挨近那在天上的上帝。你若顧影自憐地說：「我僅能勉強供養我的家庭。」那麼，你必一事無成；但你若說：「我要為真理作工，我要看到它推展，我會儘量去做。」上帝便會開路，使你有所作為。你應投資在聖工上，使你感到自己也是其中的一分子。上帝並沒有向那蒙賜一千銀子的人，要求一萬銀子的利息。要記著，是那領一千銀子的人，用布把它包起來，又藏在地裏，你應運用上帝賜給你的才幹、影響力和金錢，使你能在這工作上有一份。

各人要照所得的恩賜彼此服事，
作上帝百般恩賜的好管家，
祂必將各樣的恩惠，多多的加給我們。

第十三篇

誓約和諾言的神聖性

59 對上帝的許願具約束力

上帝藉著人類為器皿作工，來激動人們的良心，引發人行善，使其對真理聖工之進展有真正的關心，他並不是自己作工，乃是上帝之靈在他裏面作工。在這種情形之下所立的約，乃是神聖的，是上帝之靈工作的效果。當人還了這些願，天庭接納了奉獻之物時，這些慷慨的工人，也就在天庭銀行中積下了同額的財寶。這正是為未來之日打下美好的基礎，使他們可持定永生。

欠缺廉潔正直

今日基督教界所犯的一項極大的罪，就是在與上帝交往的事上，進行掩飾和貪婪。許多人對各機關及宗教事業所許下的諾言，愈來愈不關心。也有不少人把這種許下的諾言，視為不必償還的。他們若想把錢財投資在銀行股份或商品上，就能帶給他們相當的利益時；甚或在他們許下諾言要幫助的機構中，有幾位是他們所反對的人，他們便會感到有絕對的自由，來隨意使用他們的金錢。這種欠缺廉潔正直的風氣，正瀰漫於那些宣稱守上帝誡命，並等候他們的救主即將顯現之人當中。

教會的責任

教會是對每位教友所許的願負責的，如果看見一位弟兄忽略了所

立之願，就當和藹而坦誠地為他作工。如果他所處的境遇，實在不能還自己的願，確是心有餘而力不足時，但他是一個可貴的教友，教會就當憐恤他，幫助他。這樣，他就可度過這難關，同時也為自己造福。

上帝要教友們思念他們向祂所立的願，其約束力正如他們向商人或市場上所負的債一樣。但願我們每個人都回想自己在過去的生活，是否有些願曾被忽略而未清償，然後就要格外努力地清還那「一分錢」；因為我們大家都必須來到最後的審判台前，在那裏，只有忠貞誠實的人才能受得起試驗。

災難的一項緣由

在你們當中有一些人，常被自己的誓約所絆倒。上帝的聖靈既應允了祈禱，並臨格於你們的聚會中，當你們的心受影響而軟化時，就立下誓約。當救恩的洪流注入你們的內心時，就感到必須跟從那位周流四方行善，並樂於獻上己命，來救贖人脫離罪惡與墮落者的模範。當你們在屬天的靈感影響下，就會看出自私和世俗化，是不符合基督徒的品格，並且又知道你不能專為自己生活，而又能好像基督。但是當祂豐盛之愛的影響力與慈憐，在你心中稍不顯著時，你就會收回奉獻，而上帝也從你那裏收回祂的賜福。

災難臨到一些人，使他們的收成不好，因而無法履行誓約，另一些人則為窮窘所迫，當然不能期待他們償還了。可是，他們若沒有埋怨和故意逃避所立下的誓約，上帝便會為他們作工，為他們預備道路使每一個人都能償付他所應許的。他們並沒有在信心上等待，相信上帝會開路，以實現他們的誓約。

一些人有可支配的錢財時，若能保留在立誓時的樂意態度，並誠實地在什一和捐款上，把祂為此而借給他們之物歸還，便會大蒙賜福。撒但卻進行試探，使一些人懷疑那驅使上帝僕人呼召奉獻錢財的動機和精神，於是，有人便感到被欺騙與詐取，心中便否認他們的誓約，此後，無論做什麼，只是出於勉強，就得不著福氣。

CEO
Counsels on Stewardship

60 亞拿尼亞的罪

亞拿尼亞和他的妻子，心受聖靈的感動，便要像其他弟兄們所作的一樣，把他們的財產奉獻給上帝，但在他們立誓之後卻又退縮，並決定不去履行它。他們一面宣稱獻上一切所有，但是在另一面卻保留一部分的價值。他們欺騙了上帝，又向聖靈說謊，他們的罪立即受到迅速而可怕的審判，不但失去今生的生命，更失去了永生。

上帝知道有顯示祂公正標記的需要，以防其他的人犯上相同的罪。這事證明了人是不能欺騙上帝的，祂能察出人心中隱密的罪，且是輕慢不得的。此乃是要給正初長成的教會一項警告，引領他們省察自己的動機，慎防放縱自私和虛榮心，謹防向上帝搶奪。

在亞拿尼亞的事件中，欺詐上帝的罪，迅速被查出並受到刑罰。此項上帝審判的事例，要作為後世的一個危險警號，這相同的罪常在以後的教會中重演，在我們這時代，也有許多人干犯。雖然沒有顯示出上帝可見的義怒，但在祂眼中看來，這罪並不比在使徒時代為輕。警告已發出，上帝也清楚地表明祂對此項罪惡的厭惡，凡依從這行徑之人，無異是自尋毀滅。

惟獨基督徒能全然認清他們的動機，良知覺醒而盡其本分，當神聖的亮光深印在品格和心上的時候，自私才被勝過，基督的精神

才被表揚出來。在人心中和品格上作工的聖靈，就會驅除一切貪心和詐騙行為的趨向。

在某些時候，上帝斷然地進逼那些世俗化和自私的人，使他們的思想蒙聖靈的光照，內心也會感到祂能軟化人和制服人的影響力。既感悟到上帝豐盛的憐憫和恩慈，便覺得有責任要推展祂的聖工，建立祂的國度。他們感到有所渴望，要在上帝的國中有一份，於是就許下諾言，要奉獻他們的金錢於聖工上。那份誓約不是向人許下的，而是在感動這些自私和貪錢之人的天使面前，向上帝所許下的。

在立下誓約之後，他們大蒙賜福。但當他們一旦回到俗務中，他們的情感便迅速改變。聖靈即時的感動稍為暗淡，心思意念便再次專注於世俗的事務，這樣的人是極難把自己和財物完全奉獻給上帝的。撒但以他的誘惑攻擊他們，說：「你以金錢許下這願，是極愚蠢的；因你需要把錢投資在你的生意上。你若償付這許願，就必招致損失。」

現在，他們退縮了，又發怨言，且控訴上帝的傳信者和祂的信息。他們說出一些不實在的話來，聲言他們是在受刺激時才立下誓約，又說他們不完全了解真相，事情被誇張了，他們的感情也被激動，以致立下誓約。照他們所言，他們所曾獲得的珍貴福氣，似乎是傳道人為著募捐，而施行在他們身上的一種欺騙；於是改變主意，也沒有感到有責任要實現他們的諾言。這是對上帝最可怕的搶奪，為了否認和抗拒聖靈，竟然提出了薄弱的藉口。一些人以不方便來辯護，說需要這些錢財——用來作什麼：埋藏在房屋和田產的發財計畫裏。由於這是為宗教的目的而立下的誓約，便以為不會在法律強迫之下執行而背約。對錢財的貪愛竟達如此強烈的地步，他們就欺騙自己，並竟敢向上帝搶奪。對許多人可以這樣說：「對其他的朋友，你不會這樣惡待的。」

干犯亞拿尼亞和撒非喇之罪的人，愈來愈多。人不是欺騙人，而是在忽視聖靈所感動而立下的誓約上欺騙上帝。又因上帝對邪惡的刑罰並不像亞拿尼亞和撒非喇時那樣瞬間執行，於是，人的心便儘管去行惡，並奮力抗拒上帝的靈。這些人如何面對審判呢？你敢承擔這問題的最終結果嗎？你會怎樣面對〈啟示錄〉所描述的景象？「我又看見一個白色的大寶座，與坐在上面的，從祂面前天地都逃避，再無可見之處了。我又看見死了的人，無論大小，都站在寶座前；……他們都照各人所行的受審判。」（啟示錄 20：11 — 13）

CEO
Counsels on Stewardship

61 與上帝簽約

我們在弟兄們面前立約捐獻定額的款項，無論是口頭的或筆寫的，這些弟兄就是我們與上帝所立之約的見證人。這約並不是向人立的，乃是向上帝立的，如同我們向鄰居所寫的字據一樣。基督徒既向上帝立了約，就當負起付款的義務，正如合法的契約一樣。

我們向人立下了約，多半不會想到怎樣去爽約或廢約。我們向那賜人萬般恩典的上帝所許下的願，是更為重大的，為何卻設法要廢棄向上帝所許下的願呢？人豈能因為是向上帝應許，就可視為無關重要呢？難道因這願不必在法庭受審，所以就缺少效力嗎？那自命為耶穌基督無窮犧牲之寶血所救贖的人，豈可「奪取上帝」之物呢？他所立的願及所出的行動，豈不是要在天庭的公義天平中秤過嗎？

我們每個人的案件都在天上的法庭中待決。我們的行動是否能抵消那與我們不利的證據呢？亞拿尼亞與撒非喇的案件具有罪大惡極的性質，他們扣留一部分地價，就是欺哄了聖靈。照樣，每個人也憑著犯罪的程度而成立罪名。

當上帝的靈降臨軟化人心之時，就很容易受聖靈的感動，立志為上帝的聖工克己犧牲。在神聖之光非常清明有力地射進人的心房時，人的天性感情就要被克服，自私在人心中變成無力；又要激起熱切的

願望，想要實行克己及廣行慈善來效法那模範，就是耶穌基督。這樣，那天性自私的人，就要愛惜與那可憐迷失的罪人；他也要向上帝立下莊嚴的約，好像亞伯拉罕及雅各所行的一樣。在這種場合中，天上的使者也在場。於是，愛上帝及愛人的心，勝過了自私自利及貪愛世界的心。在這種情形下，主講的人如果有聖靈及上帝權能同在，提出天上大君在十字架犧牲上所奠立的救贖大計時，尤為顯然。從下列的幾段《聖經》中，我們可以看出上帝對於人許願這件事，存著何種的態度：

「摩西曉諭以色列各支派的首領，說，耶和華所吩咐的乃是這樣：人若向耶和華許願，或起誓，要約束自己，就不可食言，必要按口中所出的一切話行。」（**民數記** 30：1 — 2）

「不可任你的口使肉體犯罪；也不可在祭司面前說是錯許了；為何使上帝因你的聲音發怒，敗壞你手所作的呢？」（**傳道書** 5：6）

「我要用燔祭進你的殿，向你還我的願，就是在急難時我嘴唇所發的，口中所許的。」（**詩篇** 66：13 — 14）

「人冒失說，這是聖物，許願之後才查問，就是自陷網羅。」（**箴言** 20：25）「你向耶和華你的上帝許願，償還不可遲延，因為耶和華你的上帝必定向你追討，你不償還就有罪。你若不許願，倒無罪。你

嘴裏所出的，就是你口中應許，甘心所獻的，要照你向耶和華你上帝所許的願謹守遵行。」（申命記 23：21 － 23）

「你們許願，當向耶和華你們的上帝還願；在祂四面的人，都當拿貢物獻給那可畏的主。」（詩篇 76：11）

「你們卻褻瀆我的名，說，耶和華的桌子是污穢的，其上的食物是可藐視的。你們又說，這些事何等煩瑣，並嗤之以鼻，這是萬軍之耶和華說的。你們把搶奪的，瘸腿的，有病的，拿來獻上為祭；我豈能從你們手中收納呢？這是耶和華說的。行詭詐的在群中有公羊，他許願卻用有殘疾的獻給主，這人是可咒詛的；因為我是大君王，我的名在外邦中是可畏的；這是萬軍之耶和華說的。」（瑪拉基書 1：12 － 14）

「你向上帝許願，償還不可遲延；因祂不喜悅愚昧人，所以你許願應當償還。你許願不還，不如不許。」（傳道書 5：4 － 5）

接受上帝應許的條件

在一些大聚會的特殊場合中，曾多次為了上帝的聖工，而向那些宣稱基督門徒之人發出呼籲，於是人心受到感動，多人就立下誓約，要維持這工作。但是許多立誓的人卻對上帝不尊敬，他們因疏忽而沒有實現對他們的創造主所立下的誓約。人雖然向上帝許下諾言，但對此卻漠不關心，那麼，他們能寄望於上帝依據那永不為人遵守的諾言，而實現祂的應許嗎？最好就是對你的同胞和上帝誠實。

撒但的抗議

上帝在所託付給人的財產中，有權要求屬祂的一份——那就是十分之一。至於人是否要多奉獻，則由各人自行決定。但每當人心受聖靈的感動所激勵，而立約特別獻出一部分錢財時，則該立約的人對於已奉獻的一份就再沒有權利了。人與人所訂立的這一類約言，尚須信守，何況與上帝所訂立的豈不更當信守嗎？人在良心的法庭上所訂立的約，難道還不如人與人之間所簽定的契約具有約束力嗎？

當神的光異常清楚而有力地照在人的心上時，那習慣成性的自私心便會鬆手，而有捐助上帝聖工的意向了。但人們切莫以為可以履行自己所訂的約言而不遭受撒但的反對。他絕不願看見救贖主能把地上的國度建立起來，所以示意說認捐的數目太大了，可能會使他們的力量受到損失，以致不能購置產業或滿足自己家屬的願望。

需要醒覺良知

我們這等人對於此事也當醒覺起來。現在只有少數的人，會因忽略了捐獻的本分而覺得良心難過，也只有少數的人，因自己天天劫奪上帝之物覺得心中痛苦。一個基督徒，若在有意或無意間少付了鄰人的錢，或是拒絕償付正當的債務，他的良心若未被烙慣？不懂，就必使他憂苦；即使他自己之外，並無別人知曉此事，但他總是不得安心。然而，今日漠視自己所許的願，未清付所立之約的人，為數很多，但為此事而良心不安的，卻為數甚少；那覺得自己有未盡本分之罪的人是多麼的少啊！

因此，我們對於這事必須有一番新的和更深刻的覺悟。我們應當激發良知，懇切注意此事；因為在末日之時，我們一定要向上帝交賬的，祂的要求必須要處理清楚。

Counsels on Stewardship

各人要照所得的恩賜彼此服事，
作上帝百般恩賜的好管家，
祂必將各樣的恩惠，多多的加給我們。

第十四篇

Counsels on Stewardship

遺囑與遺產

62 死前的準備

在我們之中，有些老人已屆恩典即將結束之年，但因沒有儆醒的人去為上帝的聖工而徵求其產業，以致這些財物竟流入事奉撒但之人手中。這些錢原是上帝借給他們的，是應當歸還給祂，可是，當這些弟兄退下人生舞臺時，有十分之九的人卻用不能榮耀上帝的方法來分配，使上帝的資財，分文不入祂的庫房。有時，這些似乎是良善的弟兄卻被不獻身的顧問所誤，因他們所獻議的都是按自己的立場，而非照上帝的心意。

人往往會把財產遺留給子孫，徒貽禍害而已，因他們不愛上帝，也不愛真理，故此，這一切屬主的錢財便流入撒但的行列中，由他去支配了。撒但比本會為聖工收集主自己錢財的弟兄更為機警，更有眼光和手段，並出盡千方百計地為自己賺取錢財。

有些遺囑因寫得太簡單，在法律上無效，以致教會蒙受千萬元之損失。本會的弟兄們，應覺得自己在上帝的教會中負有作忠心僕人的責任，在這些事上，應運用智慧去為主收回其財產。

有些人對於這點顯出了不必要的顧慮，他們覺得自己去向年老或病弱之人談及此問題，探悉他們的心意，要知他們如何處置身後的遺產，好像是踏進了禁地一般。然而這本分卻是神聖的，正如傳道救人

的本分一樣。這個將要離世的人手中握有上帝的金錢和產業，現在快要放下管家的責任，難道他要把上帝借給他，要他用於聖工上的錢財，轉入犯罪作惡之人手中，只因他們是親戚的緣故嗎？基督徒豈不應覺得為這個人未來的好處及上帝教會的福利起見而關心著急嗎？豈不應合情合理地處置上帝所借的錢財而善予運用嗎？他的弟兄們豈可袖手旁觀，坐視他失去今生的產業，同時也奪取了上帝的財物嗎？這件事對於他個人及教會，都是一場可怕的損失；因為他若把自己的錢財轉入那些不關心上帝真理之人手中，他就是立志蓄意把錢財包好埋藏在地下了。

更佳的方法

上帝要凡跟從祂的人，在他們自己能行之時，分配處理他們的錢財。有些人也許會發問道：「難道我們要把一切所謂自己的東西都賣光嗎？」現在，我們也許不必做到此種地步，然而，卻當為基督的緣故，樂意做到這地步。我們必須藉著在促進聖工有所需要時慷慨地使用，作為承認自己的一切財產是絕對屬於主的。有時教會需要金錢，以便能差遣佈道士到國外去傳揚福音，以及印刷真理書報，散遍於大地，像秋天的落葉一樣，但是，有些人對此呼聲卻充耳不聞。

這等人且會為自己的貪心而辯護，說已安排在去世時要做一些慈善事業，把上帝的聖工列在他們的遺囑上。因此，他們就可在世時過著貪婪的生活，奪取上帝的十分之一及各項捐獻，而在遺囑上，卻把上帝所賜之物中，只奉還一小部分給上帝，至於其他大部分的款項，則留傳給那不關心真理的親戚們。他不但在生前奪取那應歸於上帝之物，甚至死後也是如此。

一項可怕的冒險

有些人對於來生，遲遲不作準備，直到此生臨終之時才著手，這真是愚不可及的。對於上帝教會需款的要求，你若延不作覆，直到要把管家的責任交卸給別人時，這也是一件大錯。因為你所託管錢財的人，也許不會辦得像你自己所辦的那麼好。財主們怎敢冒這樣大的危險？人若等到臨死之前，才分配自己的財產，乃是奉獻於死亡，而不是奉獻給上帝。許多人這樣行，正是直接抵觸上帝在《聖經》上所明示的計畫。他們若要行善事，就應該抓住當前的黃金機會，用盡力量作工，好像畏懼即將失去的良機一樣。人若忽略那明知的本分，在今生不答應上帝的要求，卻自己安慰良心說，在死時才將遺產獻於主，這等人將來必不會得到主的嘉許，也不會得著賞賜的，他們在生前沒有實行克己，一意自私自利，盡力扣留錢財，直至死日，方才撒手。

許多人計畫延擱到將死之日，如果他們是真基督徒的話，就當趁著在世強健之時實行，把自己及財產同時奉獻給上帝，一面作祂的管家，一面滿意地執行自己的本分。他們是自己財產的執行人，可以自己來應付上帝的要求，而不必在死後將責任委卸給旁人。

我們應當看自己是主財產的管家，上帝則是至高之物主，在祂需要自己的財物時，我們就當照奉不誤才對。在祂回來收取本利之日，那些貪心的人，就會看出那託付於他們的銀子，不但沒有加倍，反而自招主對那無用僕人所宣布的厄運呢？

生前的慈善捐款或臨死的遺產

主要我們看祂僕人的死亡乃是一場損失，因為他們所能發揮的勸善能力，以及許多充實上帝府庫的樂意捐獻都失去了。用臨死的遺產來代替生前慈善捐獻，這種代替乃是卑鄙可憐的。上帝的僕人應當天天憑著行善事及慷慨捐獻給上帝而立遺囑。他們不應讓那獻給上帝的數量和留為己用的數量，相形見絀。他們每天立遺囑，就必記得那在自己感情上占最大成分的財物及朋友。

他們最好的朋友就是耶穌，祂並沒有留下自己的生命不給他們，乃是為他們成了貧窮，叫他們因祂的貧窮可以成為富足。祂配得他們全部的心、全部的產業、以及一切已有及現有的。但許多自稱為基督徒的人，在生前把耶穌的要求置諸腦後，直至臨死時才獻上區區之數來羞辱主。

但願這等人要牢記，這種奪取上帝財物之舉，不是出於一時的衝動，乃是出於詳細考慮的計畫，且美其名曰：「頭腦清醒」。他們不但在生前欺詐上帝的教會，在死後也繼續欺詐。他們此種行動，都是出於居心立意的。許多人以此類遺囑為滿意，當作臨死時之如意枕頭。他們的遺囑乃是為自己身後預備之一部分，把財產如此安排後，在彌留之際，就可免掉煩惱。請問這等人是否樂於想到上帝會要求他們交出管家的賬呢？

我們若要得著來生不朽之生命，就必須在今生之善事上富足。當然審判開始，案卷展開時，各人都要照自己的行為受到報應。許多名列於教會名冊中之人，在天庭的總賬簿裏，卻記錄著不利於他們的搶劫罪名。這些人若不肯悔改，無私地捐款為主作工，就必定會分享那不義管家之慘運了。

沒有立遺囑而招致損失

我們往往會見過這種情形發生：一個活躍的商人突然逝世，生前毫無預警，事後查視他的事業，卻看見一切都陷於最混亂的景況中。為要清理他的遺產，律師費縱不使其傾家蕩產，也必占去相當可觀的部分，以致他的孤兒寡婦及基督的教會，也都被搶奪了。凡是主錢財的忠心管家，必熟悉自己業務的情形，如同聰明的人為任何意外緊急之事早作準備一樣。若是一旦結束其恩典之年，也不會叫那些處理其身後事的人不知所措。

許多人在自己健康之時，沒有注意到立遺囑之事。教會弟兄對此事應早作預防，他們應熟悉自己的經濟現況，不讓自己的業務成為混亂，對於財產當善為處理，以便無論在何時都可安心撒手塵寰。

立遺囑的手續，應使其可經法律的考驗，只要仍然時時按聖工的需要繼續捐獻，遺囑立了之後，即使保留多時亦無妨害。弟兄們哪，死亡並不會因你們立下了遺囑，就提前一天臨到你們。在你立下遺囑，分配財產給親戚之時，切不可忘記上帝聖工的需要。你是祂的代理人，代管祂的產業；祂的要求，你應予首先考慮，當然，你的妻子兒女，也不可任其窮苦清寒，應當按他們的需要，妥為安排，然而，你卻不能隨從習俗，把一切無需濟助的親朋戚友，都列在遺囑中。

呼召改革

我們應當時常牢記著：現今人處理財產的自私制度，並非出於上帝的計畫，乃是出於人的籌謀。基督徒應當作改革家，對於立遺囑存全新的看法，並打破現行的制度，應當時刻記清楚，你所處理的乃是主的財產，上帝在此事上的旨意就是律法。你若受人委託，執行他的遺產，你豈不是要縝密地研究那留囑之人的旨意，而使其財產涓滴不至於誤用嗎？你在天庭的「朋友」，既將其財產委託給你，並將祂的旨意交與你，說明應如何使用。你若能大公無私地研究這旨意，屬於上帝的財物就不至於被誤用了。上帝已將足用的錢財交給人，只要人肯感恩順從，便足夠應付聖工一切的危急，然而人們卻把聖工可恥地遺忘了。

凡立下遺囑的人，不可以為這事既已辦妥，自己就再沒有責任了；乃應繼續工作，運用上帝所託的銀子，興旺主的聖工。上帝已定下計畫，使人人都可聰明地分配其錢財。祂並不用神蹟來維持聖工，而是藉著少數忠心的管家，善用他們的金錢來促進聖工。克己犧牲及捐獻善款，不但不是例外的負擔，反要視作為例規。上帝的聖工日增，需要錢財亦隨之而增加，國內和國外也不斷地送來呼求，要求我們派人傳真理和光給他們，這樣，我們就需要派更多工人及捐獻去支持他們。

如何保留你的財產

你要令你的財產安全嗎？把它放在那有十字架釘痕的手上吧！你若把它擄為己有，便會成為永久的損失。你若將它獻給上帝，從此刻開始便有上帝的印記在上面，而永不會再有變動的了。你喜歡你的財物嗎？那麼把它用在造福貧病受苦之人身上吧！

63 管家職責為個人的本分

父母們應運用上帝所賜予他們的權利，祂已把才幹託付予他們，要他們用來榮耀祂。兒女們是不應為父親的才幹負責的。正當父母們頭腦清晰，判斷力正確之時，便要祈禱和思考那些在真道上有經驗，以及熟悉上帝旨意的顧問們之幫助，就當處理他們的產業。

他們若有兒女受苦，或在貧困中掙扎，卻仍能善用金錢的話，就當為其兒女著想。他們若有富足但不信上帝的兒女，僅憑這關係，便把錢置於他們手中，就是犯罪，違背了那位使他們成為管家的主。我們不應輕忽上帝的要求。

有一件事應該清楚明白的。就是作父母的雖立下遺囑，也不足以妨礙他們在有生之日捐助上帝之聖工，其實他們應當這樣做。他們於有生之年能把盈餘的錢財處理妥當，就可在此世得著滿足，並在來世得著報償。他們應盡本分推展上帝之聖工，使用主所借給他們的金錢，維持在祂的葡萄園中所待作之工。

貪財是萬惡之根，世上所有的罪案，幾乎都因此而起。父親們自私地把錢財留下給子女，使他們致富卻看不見聖工的需求，並加以援手，這就犯了嚴重的錯誤。他們自以為可令兒女得福，其實，所得的竟是咒詛。

所繼承的財富常會成為網羅

遺留給兒女的金錢，往往會成為痛苦的根源。他們時常會為所得的產業而爭吵；縱然立有遺囑，他們甚少滿意於父親的分配。所留下的金錢，不但沒有激起感謝、尊敬和對他的懷念，反而會造成不滿、埋怨、嫉妒和輕蔑。兄弟姐妹本是和睦共處的，卻變成不和；家庭的紛爭就因遺產而引起。財富只宜於供應目前之需和造福他人，但繼承的錢財，卻更易成為擁有者的陷阱，而不是福氣。父母們不應把錢財留給兒女，使他們不勞而獲，以致受到這些試探。

把產業轉讓給兒女

我蒙指示，看到一些宣稱信道的兒女，會間接地促使那作父親的，把錢留給他的孩子們，而不在有生之日用在上帝的聖工上。那些人曾影響他們的父親，把管家職責轉給他們，其實，甚少會明白到他們所作的是什麼。他們正為自己招來雙重的負擔：使父親猶豫不決，以致在處理上帝所賜的錢財上，沒有成全祂的旨意，把榮耀歸給祂；另外的負擔，就是促使自己成為別人錢財的管家，而這些錢財，本應由父親放給「兌換銀錢的人」，以便主能連本帶利收回。

許多父母把手上的財物放入兒女的手中，是犯上了重大的錯誤，其實他們要為自己善用或誤用上帝借給他們的銀子負責的。父母或兒女們都不會因財產的這樣轉移而變得更快樂，只要作父母的多活幾年，通常就會因所作的行動而後悔。這樣做並沒有增加父母對兒女的愛，兒女也不會因父母的慷慨而加增感謝與責任感。此事似乎帶有某種咒詛，在兒女方面表露出他們的自私，而在父母方面卻使他們憂愁，因他們須要依賴兒女們而感到失望。

父母若能趁著有生之年，教導兒女照顧自己，勝於在死時留下大筆財產給他們。那些主要靠奮勉而自立的孩子們，要比那些依賴父親家財的兒童，更能適合實際的生活，長大後也會成為更好的男女。那些倚靠自己才智的孩童們，通常重視他們的能力，善用他們的特權，並培植與使用他們的天賦，以完成人生之目的。他們常會發展出勤勞、節儉和具道德價值的品格，這品格是基督化生活的成功基礎。那些驕生慣養的孩子們，通常都感覺不到自己對父母有何責任。

CEO
Counsels on Stewardship

64 推卸責任

那些守安息日的弟兄們，當他們自己能執行管家職責時，卻把它推卸給妻子，這樣做是不智之舉，因這種轉移令上帝不悅，丈夫的管家職責是不能轉移給妻子的，但有時候人卻作這樣的嘗試，於是，雙方都蒙受重大的損害。

有時候，一位信道的丈夫把財產轉移給他不信道的伴侶，希望能令她滿足，消除她的反對，最後，希望能引導她相信真理。但是，這純然是謀和平的妥協，或是利用錢來使妻子相信真理。上帝所賜予發展祂聖工的錢財，卻由丈夫轉給一位毫不同情真理的人。到將來，偉大的主要求本利歸還之時，這樣的管家又如何交賬呢？

信主的父母常把財物轉移給不信主的兒女，於是，就沒有能力把上帝之物歸還給祂了。這樣做就是推卸上帝放置於他們身上的責任，把祂所託付的金錢，投進敵方，而這些錢財，是在祂需要之時投資在祂的聖工上，來歸還給祂的。

上帝並沒有命定那些能處理自己事業的父母，把他們財產的管理權放棄，甚或轉移給同一信仰的兒女，因他們甚少具備有對聖工所當有的奉獻精神，也未曾在患難痛苦中受教，因而珍視永恆的財寶過於地上的。錢財既然被放在這些人的手中，就是極大的不幸，也是他們

極大的試探，引誘他們貪愛世界，信任財物，並自覺他們所需要的，只是一點點而已。他們所擁有的，既是不勞而獲之物，就甚少會明智地使用它。

丈夫把財產轉移給妻子，無論她是否信道，也就是為她敞開試探之門。她若是一位吝嗇的信徒，便會使她傾向自私和貪得之途，因她除了要管理本身之物外，還要加上丈夫的管家職責，在這場戰爭中，實難使之獲勝。為了要得救，她必須克服一切的怪癖和有害的特徵，並要效法她神聖救主的品格，好像基督愛我們一樣，去服務別人和愛別人。她應培植我們救主的恩賜，就是祂那滿有的慈愛；祂的一生是以崇高和無私之善行為特徵，祂的整個人生，未曾被任何一項自私的行動所損毀。

不論丈夫的動機如何，他已把可怕的絆腳石置於妻子的道路上，以妨礙她得勝的工作。又若是轉移給兒女們，則會產生同樣的罪惡後果。上帝洞悉他的動機，他若是自私，故作這樣的轉讓來遮掩他的貪心，並替自己找藉口，不協助推展聖工，那麼，上天的咒詛必定永遠追隨他。

上帝洞悉人心中的目的和傾向，並試驗為人子女者的動機。祂也許不會像亞拿尼亞和撒非喇的事件一樣，立即表現出祂的不悅，但到了末日，那刑罰並不比他們二人所受的稍輕。在企圖欺騙人的時候，也正是在欺哄上帝。「惟有犯罪的，他必死亡。」

那些自以為能把責任推卸給妻子或兒女的人，是被仇敵所欺騙。轉移財產並不會減輕他們的責任。他們必須要為天庭所託付的金錢負責，絕不能託辭責任，除非把上帝委託他們的東西歸還，這責任才會被免除。

CEO
Counsels on Stewardship

各人要照所得的恩賜彼此服事，
作上帝百般恩賜的好管家，
祂必將各樣的恩惠，多多的加給我們。

第十五篇

忠心管家的報償

65 報償為服務的動機

救主說：「有許多在前的將要在後，在後的將要在前。」（馬太福音 19：30）耶穌要那些參與為祂服務之人，切莫急於獲得報償，或感到他們所作的一切必須都獲得償還。上帝要我們依從不同的路線思想，因為祂不像人看人，祂不憑外貌來判斷，卻以人內心中之真摯來評定他的價值。

那些以真正的犧牲和自謙的精神來服務的人，到最後就會在前的。第一批受雇的人，代表了那些嫉妒和偽善精神的人，因為他們的工作，就要求超越別人的優先權，家主對那質詢為何多給別人卻少給他的人說：「朋友，我不虧負你。你與我講定的不是一錢銀子嗎？」（馬太福音 20：13）我已遵守了我的合約。

在退一步而言，我們都當關心那酬報的賞賜，一面重視那應許之福氣，另一面卻要完全信賴耶穌基督，相信祂必會公平地照我們的行為報應我們。上帝的恩賜就是永生，但主耶穌卻不要我們過分關心那獎賞，卻要真正遵行上帝的旨意，並不在乎一切的利益，只因這樣做是對的。

保羅念念不忘那要賜給他的生命之冠冕，而這並不是只賜給他，亦賜給凡愛慕祂顯現的人。這是因信耶穌基督而得的勝利，致使那

冠冕這樣值得，他時刻高舉耶穌，一切誇張的才幹和自誇的勝利，都是不相稱的。「智慧人不要因他的智慧誇口，勇士不要因他的勇力誇口，財主不要因他的財物誇口。誇口的卻因他有聰明，認識我是耶和華，又知道我喜悅在世上施行慈愛公平和公義，以此誇口。這是耶和華說的。」（**耶利米書 9：23 － 24**）

那些獲得最豐富獎賞的人，就是對窮人、孤兒、受壓迫和受苦者表現出熱忱、仁慈和溫柔憐憫的行動之人。至於那些「從那邊過去了」的人，就是因太忙而不顧及基督寶血所救贖的生靈，且忙於做大事的人，他們卻要發現自己是最小和最後的。

人的行為就是出自內心的真正品格。在我們的四周，都有具備溫和謙遜性情的人。這性情就是基督精神，他們做許多微小的事情，來幫助周圍的人，且不以為意；到最後，這些人會感到驚奇，原來，基督已注意及那對沮喪之人所講的仁慈話語，又看重那出自克己犧牲，濟助窮人之極微小的奉獻。上帝所量度的是人的精神，並以此施行報償，那純真、謙卑和赤子般的愛心精神，就令那奉獻在祂眼中視為寶貴。

是賞賜，不是權利

彼得說：「看哪，我們已經撇下所有的跟從你，將來我們要得什麼呢？」（馬太福音 19：27）彼得在這方面的問題顯示出他有這樣的思想：以為做了某指定的使徒工作，就可配得相當的報償。在門徒當中有自滿和自傲的精神，又彼此較量。倘若其中有一位出現了顯著的失敗，別的人便趾高氣揚。耶穌看出這種漸長的精神，必須受到抑制，祂洞悉人心，在「我們要得什麼呢？」的問題上，看出自私的傾向，因此，祂必須趁著這禍害尚未擴大之前，將之消滅。

門徒正面對看不見福音的純真原則的危險，於是，祂便利用這比喻（選召工人的比喻），來教導他們，闡明獎賞不是靠行為，否則會有人自誇，乃是完全出於恩典。在早上蒙召往葡萄園的人，得著在恩典中所賜予之報償；但是，那些在最後蒙召而來的人，也與第一批人一樣得到共同的恩典。這項工作的報償全是出於恩典，沒有人比別人多得光榮，也沒有人比別人享有更多的特權，亦沒有人可宣稱這賞賜是他的尊有權利，故不應彼此嫉妒。彼得所表達的，是雇工的心情。

CEO
Counsels on Stewardship

66 天上的財寶

基督懇求著說：「要積攢財寶在天上。」將屬世的財寶轉移到天上，是值得你用全副精神去做的。這是一件最重要的事，因為它與你永久的福利有關。用在上帝事工上的財物，是不會失去的；用在拯救生靈及尊榮上帝的一切錢財，便是投資在今生與來世的最成功的事業上。你若把金銀拿到天上的交易所去，就會不斷增值，也會被紀錄在天上的紀錄冊上。你在天上交易所中所增加的永久財富，將會歸於你。為上帝的聖工而奉獻，便是積攢財寶在天上，凡積聚在上面的財富都不會遭受損失，反而會增加成永久的財物。

短暫與永恆的利益

你當下定決心，使用本身所有的每一分力量，去為基督服務，皆因為祂而服務，對於今生與來生都是有裨益的。

「眼睛就是身上的燈，你的眼睛若了亮，全身就光明。」（**馬太福音 6：22**）眼睛若是了亮，一心一意地注視上天，於是，心靈便為天上的亮光所充滿，地上的東西也隨之變為無關重要和失去吸引力了；心中的意向，也會因此而改變，繼而留意耶穌的勸勉，你會把財寶積存於天上，思想也會專注於永恆的偉大賞賜上，一切的計畫都會與將來不朽的生命有所關連，因此，你會被引至你的財寶那裏，而不再對世

俗的事物發生興趣，卻在每日的工作上暗自問道：「主啊，你要我作什嗎？」《聖經》的信息便會交織於你的日常生活之中。

真基督徒是不會容讓任何世俗事物介入他與上帝之間，上帝的誡命管轄了他的情感和行動。倘若每一位求上帝的國和祂的義之人，都隨時準備作基督的工作，那麼，通往天國的途徑，便會十分容易的了。

眼睛若專注於上帝榮耀，財寶便會積攢在天上，那兒不怕銹壞或失去，並且「你的財寶在哪裡，你的心也在那裏。」耶穌成為你所要致力仿效的楷模，你會喜悅上帝的律法。到那最後結算的大日，你會聽見那充滿喜樂的聲音，說：「好，你這又良善又忠心的僕人，你在不多的事上有忠心，我要把許多事派你管理，可以進來享受你主人的快樂。」

加強團結

上帝已立我們作祂的放賑員，把祂的禮物放在我們手中，以便我們能將那些禮物分贈給那些需要的人，如此實際施予，對我們而言，乃是醫治一切自私的靈藥。藉此向那些求助之人表達愛意，就可使他們的心對上帝感恩，因祂已賜弟兄們有仁慈的美德，來濟助窮乏之人的需要。

藉著運用這實際的愛，教會便在基督內達到連結合一。對弟兄們若有愛心，對上帝的愛便會增加，因祂並沒有忘記那些在不幸中的人，故此，感恩的奉獻便升達上帝之前，由祂照管。「因為辦這供給的事，不但補聖徒的缺乏，而且叫許多人越發感謝上帝。」（哥林多後書 9：12）弟兄們的信心在上帝裏得以增長，而導致他們把身心奉獻予上帝，就是他們所效忠的創造主。「他們從這供給的事上得了憑據，知道你們承認基督順服祂的福音，多多的捐錢給他們和眾人，便將榮耀歸與上帝。」（哥林多後書 9：13）

銘刻在基督的掌上

凡不計較重大代價的犧牲，而在信心及愛心的壇上奉獻與基督的人，祂會把這些人的名字全保留起來。祂已經為墮落的人類獻上一切，那些順從、捨己和信實之人的名字，會銘刻在祂的掌上；他們不會從祂的口中被吐出去，卻為祂所紀念，並且在天父面前，特別為他們代求。正當自私和驕傲的人被遺忘時，他們卻要被紀念，他們的名字要永垂不朽。為了要使自己快樂，我們必須使別人快樂。我們把財物、才幹和愛心奉獻給基督，以示感謝，這是我們所當作的，這樣，我們就能在此世得著快樂，並可在來世得著不朽的榮耀。

CEO
Counsels on Stewardship

67 給予慈善者的今生福氣

人類的同情心既與愛心和慈善相調和，再被耶穌的靈所聖化，它就是一股能產生偉大善行的力量。那些培養善舉仁心的人，不單是為別人謀福，使那些承受者因這些好行為受惠，並且，他們的心也受到真正慈善的溫柔所影響，而令他們自己獲益。

每一道照射在別人身上的亮光，將會反射進我們自己的心中；對傷心者所說的每一句仁慈和同情的話語，每一項解救受壓迫者的行動，以及每一份濟助同胞需要的禮物，若專為榮耀上帝而行，其後果便是使施予者得福。

凡這樣做的人，是正在遵守一項天庭的定律，並在將來要榮獲上帝的讚賞。行善之樂能奮興人的感情，繼而閃電似的穿越神經，增進血液迴圈，並使身心同獲健康。

一項治病之福

那存於身與心之間的感應力量，是非常大的。只要它一受感動，其他立起反應。人的心境如何，對於身體的健康是大有關係的。人心若是自由快樂，自覺正直無愧，及因能造福他人而感到心滿意足，就必產生一種春意盎然的歡樂，全身受其反應，血脈更流通，四肢百體

生機蓬勃。上帝所賜的福惠，說明祂是一個醫師；凡造福生靈廣惠他人者，必覺在自己的內心及生活上，有奇妙的福樂。

善行獲雙倍之福氣

全智的上帝在救贖計畫上，早已命定行動與反應的規律，使各方面的慈善工作，帶來雙倍的福氣。上帝無須人的幫助，也能達到拯救罪人的目的；不過，祂知道，人在這偉大的工作上，若沒有分，就會感到不快樂。為免人失去行善所得的福分，我們的救贖主定下了計畫，將人列為祂的同工。

打破地上的權勢

基督來，是要把永恆的財富賜給人，由於人與祂的關係，我們要同時接受及分贈這些財富。基督不但對傳道人說，同時也對每一位信徒說：世界正被黑暗所籠罩；你們的光當照在人前，叫他們看見你們的好行為，便將榮耀歸給你們在天上的父。每一位真正愛上帝之人，就是世上的一道亮光。

凡是天國的公民，是會不斷地注視那些看不見的事物，那麼，在地上管轄著思想與品格的權勢，就必被打破，並把握著這應許：「我也要愛他，並且要向他顯現。」又有天上的貴賓常與他同在，也像以諾一般，在恆久的靈交中與上帝同行。

今生更充實

那只顧今生短暫的歲月，而不為無窮盡的將來作準備，如此的一切事業計畫與人生大計，都不能算是妥善或健全的。應當教導青年為永生謀算，也當教導他們選擇那持久的原理，並要尋求那永恆的產業。——為自己積蓄「財寶在天上，就是賊不能近，蟲不能蛀的地方。」為自己「藉著那不義的錢財，結交朋友；到了錢財無用的時候，」他們可以被接到那「永存的帳幕裏去。」（**路加福音** 12：33；16：9）

凡如此行的人，就是為今生生活作最良好的合理準備。凡積蓄財寶在天上的人，無不發現自己在地上的生活也因此而豐裕高貴。

「惟獨敬虔，凡事都有益處；因有今生和來生的應許。」（**提摩太前書** 4：8）

擴大施予者的心懷意念

貧窮人出於克己的捐款，用來推展救贖真理的珍貴亮光，這不但要成為上帝所喜悅的香氣，且能全然蒙祂悅納作為奉獻之禮物；此外，這施予的行為，還可擴大施予者的心懷，使他們與世人的救主作更豐盛的連合。

上帝不變的應許

歷代以來，上帝的子民無論在什麼時候，若能甘心樂意地實行祂長期慈善捐獻計畫，就可看明那長存可靠的應許實現，在他們一切的操勞上興旺昌盛，正如他們順從祂命令的程度那樣。何時他們承認上帝的主權，履行祂的命令，用財物來尊敬祂，何時他們的倉庫必充滿有餘。

68 與蒙贖之民分享喜樂

在獎賞賜給那些盡心而無私地參與這項工作之人，並且，凡為支持他們而甘心奉獻之人，也可得著。那些在田地裏積極服務之人，與奉獻他們的金錢以供養這些工人的人，都會分享那忠心之人的獎賞。

每一個在託付予他之財物上作明智管家的人，將要享受他主人的快樂。那是什麼快樂呢？——「我告訴你們，一個罪人悔改，在上帝的使者面前，也是這樣為他歡喜。」（路加福音 15：10）忠誠的救靈者，在歡呼中把收穫帶回家時，可得著愉快的嘉獎和神聖的祝福，並與天上的使者一同歡喜快樂。

上帝的贖民聚首一堂——集合於為他們預備的住處，這是何等的大喜樂啊！所有曾與上帝公正而無私地勞力推展祂在地上之工的人，對他們而言，這是多麼的快樂啊！且有極大的滿足，就是每位收割者都聽見耶穌像音樂般的嘹亮聲音，說：「你們這蒙我父賜福的，可來承受那創世以來為你們所預備的國。」（馬太福音 25：34）「可以進來享受你主人的快樂。」（馬太福音 25：21）

救主得著榮耀，因為祂並沒有徒然而死。那些曾與上帝同工的人，懷著喜樂歡欣的心情，看見自己為淪亡待斃的人所作勞苦的功效，便心滿意足了。他們所曾經歷的焦慮時辰，必須面對的窘境，因

別人拒絕接受那賜予他們平安的事物而感到的傷心，這一切都被遺忘了。他們為支持這工作而實行的自我犧牲，也不再被追想了。他們既看到所曾尋找歸向耶穌的生靈，並見他們被救贖，永遠的得救——作為紀念上帝憐憫和救主的慈愛——在那裏讚美和感恩的歡呼聲，要響徹整個天庭。

了解比期待更為重大

基督披上了人性，在地上過了完美無罪的生活。故此，祂已接受指派，作為審判的主。那位充任法官的，乃是以肉身顯現的上帝。若認出祂是我們的夫子和救主，這是何等的喜樂！祂仍帶著釘十字架的疤痕，其上且發出榮耀的光輝，使那些贖民從祂手中領受的冠冕更顯得有價值，而那雙手正是祂升天之時，伸出來祝福祂門徒的。那說「我就常與你們同在，直到世界的末了」（**馬太福音 28：20**）的同一聲音，吩咐哪些救贖之民，到祂跟前來，並歡迎他們。

那一位為他們獻上寶貴生命的主，又藉祂的恩典而感動他們悔改，使他們覺悟到有悔罪的必要，現在就迎接他們來分享祂的喜樂。他們所盼望實現的，其結果已超越了他們的期待。

他們的喜樂是完全的，於是他們把自己那閃爍燦爛的冠冕放置於救主的腳前。

確實的應許

我們長久以來，都在等候著救主的復臨，這應許的確實性，卻不會因時間而有所改變。再過不久，我們便會置身於應許之家，耶穌在那裏帶領我們，到流自上帝寶座的生命河旁，又向我們解釋祂為領導我們達到完全品格，所經歷的黑暗。我們看見在樂園各處的美麗樹木，其中且有生命樹。我們在那裏可見到伊甸園於光復後的美麗光輝之景象，於是，又把救主所放在我們頭上的冠冕，投擲在祂的腳前，並且彈奏金琴，向那坐在寶座上的獻上我們的讚美與感恩。

現今尚有一點時間

只要再過一些時候，耶穌便來拯救祂的兒女，把永生賜給他們。「這必朽壞的，總要變成不朽壞的；這必死的，總要變成不死的。」（哥林多前書 15：53）墳墓要敞開，死了的人要勝利出來，呼叫說：「死啊，你得勝的權勢在哪裡？死啊，你的毒鉤在哪裡？」（哥林多前書 15：55）我們在主內睡了的親人要出來，披上不死的性質。

正當蒙贖之民升往天上之際，上帝之城的門戶要敞開，那些遵守真道之人便進去。有比音樂更悅耳的聲音說：「你們這蒙我父賜福的，可來承受那創世以來為你們所預備的國。」（馬太福音 25：34）接著，義人要獲得他們的賞賜，其生命將與耶和華共長久。於是，他們把自己的冠冕，放在救主腳前，又彈奏金琴，使整個天庭都洋溢著悅耳的樂聲。

CEO
Counsels on Stewardship

國家圖書館出版品預行編目資料

看見錢以外的 CEO：給管家的勉言 / 懷愛倫著；
時兆編輯部譯 . -- 初版 . -- 臺北市：時兆，2016.02
面；　公分
譯自：Couusels on stewardship
ISBN 978-986-6314-60-5(精裝)

1. 基督徒 2. 管理者

244.98　　104027972

看見錢以外的 CEO 給管家的勉言

COUNSELS ON STEWARDSHIP

作　者　懷愛倫
譯　者　時兆編輯部

董 事 長　李在龍
發 行 人　周英弼
出 版 者　時兆出版社
客服專線　0800-777-798
電　話　886-2-27726420
傳　真　886-2-27401448
地　址　台灣台北市 105 松山區八德路 2 段 410 巷 5 弄 1 號 2 樓
網　址　http://www.stpa.org
電　郵　stpa@ms22.hinet.net

責　編　周麗娟
美術編輯　時兆設計中心、林俊良
封面設計　時兆設計中心、林俊良
法律顧問　元輔法律事務所　電話：886-2-27066566

商業書店　總經銷 聯合發行股份有限公司 TEL：886-2-29178022
基督教書房　基石音樂有限公司 TEL：886-2-29625951
網路書店　http://www.pcstore.com.tw/stpa
電子書店　http://www.pubu.com.tw/store/12072

I S B N　978-986-6314-60-5
定　價　新台幣 380 元　美金 14 元
出版日期　2016 年 2 月 初版 1 刷